JOHANNES KING

Collection
Rolf Heyne

SÖL'RING HOF

JOHANNES KING

Das Kochbuch von Land und Meer

Fotografiert von Luzia Ellert
Texte von Ingo Swoboda

Collection Rolf Heyne

FRÜHLING

SOMMER

HERBST

WINTER

SÖL'RING HOF

DANK

Das Buch

Dieses Buch hält einen Lebensabschnitt fest, der geprägt ist von Aufbruch, Neugierde und Veränderungen. Boot und Bauernhof wachsen zum Söl'ring Hof dazu. Mitarbeiter und Gäste werden stärker sensibilisiert auf die Produkte, die wir aus unserer unmittelbaren Natur schöpfen. Dadurch verändert sich das Speisenangebot. Mein Ziel ist es, unverfälschte Produkte, gewachsen im Kreislauf der Natur, auf den Tisch zu bekommen. Das ist authentisch und ehrlich. Ein Weg, der viel Freude bereitet, unglaublich spannend ist und nie endet.

Verlag und Konzept

Liebe Frau Heyne, es ist ein großes Amusement, mit Ihnen zu planen, zu entwickeln und zu arbeiten. Sie haben die Idee aufgegriffen, und jetzt ist ein wunderbares Buch daraus geworden. Ein Buch, das viel mehr ist als ein Kochbuch. Ein Buch, das einen Lebensabschnitt beschreibt und festgehalten hat. Ein Startschuss zu einer nicht endenden Entwicklung: Mit der Natur leben, mit der Natur arbeiten und im Kreislauf der Natur genießen. Tausend Dank für Ihr Vertrauen und Ihre Unterstützung.

Ihnen, lieber Herr Welte, ist auch beim zweiten Buch nichts erspart geblieben. Wir auf der Insel, stets Hummeln im Hintern und Flausen im Kopf – Sie im Münchner Büro, die Tatsachen im Blick und die lange Leine in der Hand. Sie führen, geben aber nicht vor. Sie beraten und geben immer das Gefühl, dass dieses Buch wachsen kann und darf. Ganz besonderen Dank für die wunderbare Zusammenstellung und die herrliche Bildauswahl – Chapeau.

Bild und Text

Liebe Frau Ellert, liebe Frau Engstler, was soll ich da noch sagen. Die Bilder sprechen für sich! Hätten wir alle Bilder ins Buch gebracht, wären wir auf 1000 Seiten gekommen. Sie haben stets den richtigen Blick, die Ruhe und eine unglaubliche professionelle Gelassenheit. Egal, ob morgens um 5 Uhr bei frostigem Morsumer Winterwetter, tagsüber in der wuseligen Küche oder nachts um 23 Uhr auf dem Deich. Keine Hektik, kein Stress, immer den Faden in der Hand und immer fröhlich. Es waren teils sehr lange Arbeitstage, aber immer geprägt von guter Laune und Herzlichkeit. Ich möchte keinen Tag davon missen – vielen, vielen Dank!

Wie Sie es schaffen, lieber Herr Swoboda, habe ich noch nicht ganz durchschaut, aber Sie saugen meine Äußerungen auf und bringen diese in eine wunderbare Form, damit sich das Buch genussvoll liest. Was aus mir so heraussprudelt, bringen Sie in einen Zusammenhang, der Genuss, Leidenschaft, Überzeugung, Offenheit und Neugierde widerspiegelt. Herzlichen Dank für die Geduld mit mir.

Söl'ring-Hof-Team

Mein Dank gilt allen Mitarbeitern, die mich immer großartig unterstützten. Eine Buchproduktion fordert von allen Geduld, Flexibilität und Engagement. Viele Probeteller bei laufendem Geschäft und zusätzlichen Stunden sowie die sonntäglichen Garteneinsätze (auch wenn das den einen oder anderen Spatenstiel extra kostet) sind alles andere als selbstverständlich. Dir, lieber Andy, gilt dieser Dank in besonderem Maße. Als Küchenchef und treibender Motor gibst Du viele neue Impulse, die sich in diesem Buch widerspiegeln. Aber auch als »Schlagersänger und Gärtner« machst Du eine sensationelle Figur. Das steckt an und verbreitet stets gute Laune.

Boot und Bauernhof

Lieber Rainer, als Kapitän und oberster Angelchef machst Du die Nordsee zu Deinem Jagdrevier. Manchmal springen die Fische (fast) freiwillig ins Boot, seit sich herumgesprochen hat, dass es Schlimmeres gibt, als auf einem Teller im Söl'ring Hof zu landen. Du hast an uns ganz neue Herausforderungen gestellt. Seetauglich sind wir zwar alle noch nicht, aber Du schaffst es noch, aus Landratten und Maultaschensprösslingen passable Bootcommis zu machen. Petri Heil und allzeit eine Handbreit Wasser unterm Kiel.

Liebe Maria, als Kräuter- und Gartenfee bist Du nicht nur Lieferantin, sondern auch meine überaus geschätzte Ratgeberin in allen Fragen zu Flora und Fauna, essbaren Dingen aus Watt, Wald und Wiese. Deine Erfahrung gibst Du gerne weiter und sorgst somit dafür, dass wertvolles Wissen nicht verloren geht. Wir alle profitieren sehr davon und wollen dies weiter vertiefen.

Ohne Hanna und Ingwer würde es das Buch in dieser Form nicht geben. Was für ein Glücksfall, dass ich Euch kennengelernt habe! Ich bin Euch beiden ganz besonders dankbar. Das Vertrauen, das Ihr in mich setzt, weiß ich überaus zu schätzen. Es ist ein wunderbares Miteinander, verbunden mit einer außerordentlichen Herzlichkeit.

Gastgeberin

Dir, liebe Claudia, möchte ich für Deine Leidensfähigkeit (es ist nicht immer einfach mit mir), Dein Durchhaltevermögen und Deine stete Unterstützung danken. Du hast in den vielen Jahren, in denen wir als Gastgeberteam zusammenarbeiten, immer den Überblick behalten, den Söl'ring Hof vorangetrieben, das Team gestärkt und mir stets den Rücken freigehalten. Tausend Dank für die sehr vertrauensvolle Zusammenarbeit.

Johannes King
Rantum, im Juni 2012

Land, … äußerst seltene und kaum mehr …
derschar. Meine Eltern hatten das Familienleben straff …
wir alle mussten uns dem Rhythmus der heimischen La…
schaft unterordnen, deren Arbeiten die Jahreszeiten vorgabe…
unterwarf unser Leben festen Regeln und immer wiederkehre…
Abläufen, garniert mit den Unberechenbarkeiten und Laune…
Natur. Was zu Hause auf den Tisch kam, mag sich in Zeite…
immer und überall verfügbaren Lebensmittel bescheiden aus…
men, aber es erfüllte den heutigen Wunsch nach Bodenständi…
Authentizität und Regionalität.

Die vermeintlich heile Welt: Was einst zur Normalität auf dem L…
gehörte, ein wichtiger Bestandteil ihrer Kultur war, dabei durcha…
wirtschaftlichen Zwängen folgte, nämlich die weitgehende Selbst…
versorgung mit eigenem Gemüse, Obst und einem überschaubaren

taurant »Zum Hugenotten« im Hotel Intercontinental nach Berlin wechselte. Nach einer lehrreichen Sommersaison im »Hotel de la Poste« im burgundischen Saulieu kehrte ich 1988 nach Berlin zurück. Es war die Zeit der Wende, und die Hauptstadt erlebte einen Boom, der sich auch in der Gastronomie bemerkbar machte. Im neu eröffneten Restaurant »Grand Slam« des LTTC-Rot Weiß arbeitete ich als Küchenchef. Illustre Gäste aus Ost und West vermittelten etwas von jener Hoffnung, die Stadt und ihre Menschen würden zusammenwachsen. Meine Berliner Zeit war großartig, mit unvergesslichen Höhen und Tiefen, doch ich spürte immer mehr den Wunsch nach Veränderung in mir aufkeimen. Kontrastreicher zu meinem bisherigen Leben und meinen Vorstellungen hätte diese nicht sein können, als eines Tages das Angebot von Alfred Weiss, damals Vorstandsvorsitzender der Dorint-Hotelgruppe, kam, den Söl'ring Hof in Rantum auf Sylt zu übernehmen. Ein Schwarzwälder, der sich durchaus mit dem Leben in einer Großstadt arrangieren konnte, sollte jetzt auf einer nordfriesischen Insel leben und arbeiten? Dazu war der Söl'ring Hof alles andere als ein Vorzeigeobjekt der Ferieninsel. Im Gegenteil, er war eine Ruine, die – seit 1995 unbewohnt – in den Dünen stand. Von Übernahme konnte also keine Rede sein. Hier hatte die Stunde null geschlagen, und man benötigte schon einige Vorstellungskraft, um dieses Projekt auf der Erfolgsspur zu sehen. Doch ich willigte ein. Das Abenteuer Sylt konnte beginnen. Neben den aufwendigen Baumaßnahmen, die immer wieder mit Schwierigkeiten behaftet waren, musste auch das passende Personal für Küche, Service und den Hotelbetrieb gesucht werden. Die Erwartungen waren auf allen Seiten groß, der neue Söl'ring Hof sollte schließlich Furore machen und ein Juwel auf der von Spitzengastronomie und Hotellerie bereits verwöhnten Insel werden. Im Mai 2000 konnten die ersten Gäste das neue Haus begutachten. Alle Beteiligten hatten ganze Arbeit geleistet, der Söl'ring Hof strahlte und glänzte: nicht luxuriös überzogen und laut, sondern harmonisch, geschmackvoll, und er überzeugte mit einem individuellen gastlichen Ambiente, das seither von allen Mitarbeitern mit Leidenschaft gepflegt wird.

Ein wichtiger Part für das Renommee des Hauses spielt die Küche, denn neben meiner Gastgeberrolle im Söl'ring Hof bin ich natürlich Koch geblieben. Doch wie soll die Küche aussehen, was erwarten unsere Gäste auf der Speisenkarte des Söl'ring Hofes und was kann ich leisten, um dem Restaurant ein unverwechselbares und vor allem erfolgreiches Image zu geben? In erster Linie spielen Stil und Handschrift des Küchenchefs sowie das Können der Küchenmannschaft eine wichtige Rolle. Aber zugleich geht es auch um Produkte, die in der Spitzengastronomie erwartet werden, deren Zubereitung zwar der individuellen Kreativität eines jeden Kochs überlassen ist, die aber dennoch eine gewisse Standardisierung des Angebotes in die Gourmet-Restaurants gebracht haben. Überall die gleichen Produkte, nur anders zubereitet? Reicht das auf Dauer? Mir ist es zu einfach, die vermeintliche kulinarische Weltvielfalt auf die Teller meiner Gäste zu bringen, schließlich würde das überall gelingen. Die Frage ist doch: Was zeichnet den Söl'ring Hof aus, warum gerade hier und nicht dort?

Die Suche nach regionalen und saisonalen Spezialitäten ist ein Weg, das Angebot der Küche individueller und, gemessen an dem exponierten Standort eines Restaurants, authentischer und nachhaltiger zu gestalten. Kaufen kann ein Koch heute alles, das Angebot ist international breit gefächert und bietet Produkte in bester Qualität: exotische Fische, Fleisch aus aller Herren Länder, Gewürze und Kräuter aus der ganzen Welt, das ganze Jahr über Obst in allen Variationen. Doch schon ein vermeintlich einfaches Produkt wie Brot stellt die Gastronomie oft vor Probleme. Wer kann noch traditionell frisch von Hand gebackenes Brot ohne Zugabe von Backmischungen liefern?

Wenn Essen die genussvolle Begegnung mit einer Landschaft und ihren Eigenarten ist, dann beginnt man doch am sinnvollsten gleich mit der Landschaft, die vor der Haustüre liegt. Dass ich allein aus dem regionalen Angebot der Insel meine Ideen und die Erwartungen an eine erstklassige Gourmetküche nicht umsetzen konnte, war mir klar. Aber ich wollte dennoch wissen, was Sylt an regionalen Produkten zu bieten hat, die ich auch in meiner Küche einsetzen konnte, und machte mich auf die Suche. Das hatte nicht nur mit der Neugier eines Kochs zu tun, sondern auch mit meiner Herkunft, mit meinen bäuerlichen Wurzeln im Schwarzwald, wo regionale Produkte aus dem natürlichen Kreislauf der Natur unsere Identität ausmachten. Mit Maria Schierz lernte ich eine Mitstreiterin kennen, die meine Suche mit Leidenschaft unterstützte. Maria brachte mir Queller, Meeresschnecken aus dem Watt, fast vergessene Kräuter vom Wegesrand und zeigte mir die Hühner von den Salzwiesen. Nach und nach fand ich kleine Produzenten, kam mit ihnen ins Gespräch und überzeugte sie von meiner Idee, Sylt im Restaurant des Söl'ring Hofes nicht nur schmackhaft zu präsentieren, sondern authentisch schmeckbar zu machen. Heute beziehe ich tatsächlich einen Großteil meiner Produkte von der Insel. Und natürlich aus der Nordsee. Meeräschen und Makrelen liefert die Freiwillige Feuerwehr Rantum, die dafür eigene Stellnetze unterhält und mir immer wieder frische Fische anbietet. Dazu gibt es im Restaurant eine eigene kleine Karte mit Sylter Austern in verschiedenen Variationen.

Doch mein ganzer maritimer Stolz ist der eigene »Fischkutter«, den mein Freund Rainer Gottberg unter der Flagge des Söl'ring Hofes durch die Fluten der stürmischen Nordsee navigiert, Fischen und Krabben immer auf der Spur. Die Fänge können sich sehen lassen, und unsere Gäste bekommen Makrelen, Meerforellen und Wolfsbarsch fangfrisch auf den Teller.

Doch meine Gedanken gingen weiter. Sicher träumt nicht jeder, der in der Landwirtschaft groß geworden ist, vom eigenen Bauernhof. Meistens verhindern die Kindheitserinnerungen an die Arbeit auf dem Feld und im Stall, während die Freunde auf dem Bolzplatz Fußball spielten, solche Wünsche. Doch für mich war diese Idee seit Jahren präsent, ein heimlicher, zugleich sehnlicher Wunsch, der mir ein Stück alte Heimat nach Sylt bringen würde und meiner romantischen Erinnerung an den Jungen vom Land neues Leben geben konnte. Heimaterde kann man nicht verpflanzen, aber man kann ihre Idee mitnehmen. Das wollte ich. Einen eigenen Bauernhof auf Sylt mit ausreichender Anbaufläche für Obst, Gemüse und Kräuter, vielleicht eines Tages auch für die Haltung von Tieren. In Morsum entdeckte ich einen leerstehenden Friesenhof mit Blick auf den Deich, umgeben von saftigen, brachliegenden Wiesen, auf denen jede Menge Wildkräuter wuchsen. Mit dem Eigentümer Ingwer Matzen wurde ich schnell einig; der wortkarge, freundliche Friese war von meinem Bauernhofprojekt angetan und reichte mir die Hand. Der Pachtvertrag war beschlossene Sache.

Der Bauernhof, der in seinem Ursprung Mitte des 17. Jahrhunderts erbaut wurde, ist nur ein kleiner Kosmos und kann nicht alle Produkte liefern, die wir im Restaurant über das Jahr hinweg verarbeiten. Aber es ist ein Anfang und ein Einstieg in die Eigenverantwortung für Produktqualität, die unbedingtes Vertrauen in die Natur voraussetzt. Spinat, Kohlrabi, Fenchel, Rote Bete, Zwiebeln, Rosenkohl, Rosmarin und Thymian, genauso wie Birnen, Äpfel und Quitten kommen jetzt nicht nur aus der unmittelbaren Nachbarschaft, sie kommen vor allem aus ihrer natürlichen Reifezeit und sind in kürzester Zeit in der Küche und dann auf den Tellern. Der Begriff Qualität ist sozusagen Teil dieser Produkte, denn sie wachsen und gedeihen in ihrem natürlichen und bewährten Vegetationsrhythmus, ohne transportbedingt auf zusätzliche Haltbarkeit getrimmt worden zu sein. Wachsen, ernten, essen: Nur dieser Dreiklang kann der Spitzengastronomie tadellose Frische und damit authentische Qualität garantieren, auch wenn die heutigen Konservierungsmethoden raffiniert und ausgeklügelt sind. Gedopte Lebensmittel mögen schöner aussehen und billiger sein als das Original. Aber sie sind letztendlich nicht ehrlich, müssen Geschmack mit Zusatzstoffen unterfüttern, um am Gaumen den schönen Schein zu wahren. Natürlich können wir keine hundertprozentige Kehrtwendung zurück zur kleinen individuellen Landwirtschaft vollführen. Aber gerade wir Köche aus der Gourmetgastronomie, an die hohe qualitative Ansprüche gestellt werden und in deren Arbeit die Gäste viel Vertrauen setzen, weil sie am Herd einen leidenschaftlichen Handwerker erwarten, sollten jede Chance nutzen, das naheliegende Gute zu entdecken und zu fördern und dafür wieder mehr Verantwortung zu übernehmen. Es geht nicht darum, ob früher alles besser war. Das war es mit Sicherheit nicht. Aber wir können die guten Dinge, die Erfahrungen und die Traditionen, die sich bewährt haben, in unsere Zeit retten. Es ist ja geradezu paradox, dass eine hochtechnisierte Gesellschaft, in der alles möglich scheint, durch die zunehmende Standardisierung von Lebensmitteln, die schon beim Saatgut anfängt, zwangsläufig, aber freiwillig auf die Vielfalt und Unterschiedlichkeit von Geschmack verzichtet. Einheitsbrei kann nicht das Ziel von uns Köchen sein, das der Gäste ebenso wenig. Umso wichtiger ist der aufmerksame, aber nicht verklärende Blick zurück und die Mühe, das Althergebrachte mit dem Wissen von heute zusammenzubringen, ohne in den natürlichen Lauf der Dinge einzugreifen.

Mit allen Vorstellungen, Wünschen und Träumen, was Nachhaltigkeit, Authentizität und Qualität für meine Küche bedeuten, bin ich noch nicht am Ende. Der Such- und Findungsprozess geht weiter, aber die ersten wichtigen Schritte auf dem für mich richtigen Weg sind getan. Insoweit ist der Lebenskreis, der mich von den bewaldeten Höhenzügen des Schwarzwaldes in die flachen Ebenen von Sylt brachte, noch nicht ganz geschlossen, aber bereits jetzt eine runde Sache. Mit den Rezepten dieses Buches möchte ich Sie auf eine Reise mitnehmen, die mit einfachen Produkten zu einem Triumphzug des guten Geschmacks werden wird.

FRÜ

HLING

NORD STAR 26
NORD STAR 26
PATROL
TRA

UM - FÄNGER

KRABBENSALAT MIT PUMPERNICKEL UND BLUMENKOHL

Krabbensand

Die ungeschälten Krabben im auf 110 °C vorgeheizten Backofen (Umluft) 90 Minuten trocknen. Die getrockneten Krabben im Mixer zu feinem Pulver (»Krabbensand«) verarbeiten. Diesen Krabbensand in einem luftdicht verschlossenen Gefäß aufbewahren.

für 6 Personen:
250 g gekochte, ungeschälte Nordseekrabben

Pumpernickelchips

Den Pumpernickel in der Küchenmaschine sehr fein mixen. Dann gerade so viel Milch hinzufügen, dass eine sämige Masse entsteht. Dann 6 ganz dünne Kreise auf ein mit einer Silpatmatte belegtes Backblech streichen. Den Pumpernickelteig im auf 120 °C vorgeheizten Backofen (Umluft) 1 Stunde trocknen, dann im Backofen bei 50 °C (Ober-/Unterhitze) warm halten.

185 g Pumpernickel
150 ml Vollmilch

Krabbencreme

Die Krabben schälen. Das gepulte Krabbenfleisch für die marinierten Krabben (siehe Teilrezept) beiseitestellen. 80 g Traubenkernöl in eine heiße Pfanne geben und die Krabbenschalen darin anrösten. Die Milch hinzufügen, alles 3 Minuten köcheln, dann 20 Minuten ziehen lassen. Die Krabbenmilch anschließend durch ein Sieb in einen hohen Mixbecher gießen und auf Zimmertemperatur abkühlen lassen, anschließend mit dem Stabmixer kräftig aufmixen, dabei das restliche Traubenkernöl langsam hineinfließen lassen, sodass eine schöne Emulsion entsteht. Die Krabbencreme mit Fleur de Sel, weißem Pfeffer und Limettensaft abschmecken, dann in eine Spritzbeutel füllen.

160 g gekochte, ungeschälte Nordseekrabben
260 g Traubenkernöl
300 ml Vollmilch
Fleur de Sel
frisch gemahlener weißer Pfeffer
frisch gepresster Limettensaft

Marinierte Krabben

Die Krabben schälen und das Krabbenfleisch in eine Schüssel geben. Die Schalen für den Krabbenfond beiseitelegen. Die geschälten Krabben vor dem Anrichten mit dem Traubenkernöl und dem Zitronensaft marinieren. Mit Fleur de Sel und Pfeffer ganz leicht abschmecken.

250 g gekochte, ungeschälte Nordseekrabben
gepultes Krabbenfleisch (siehe Teilrezept »Krabbencreme«)
2 g Traubenkernöl
5 Tropfen frisch gepresster Zitronensaft
Fleur de Sel
frisch gemahlener weißer Pfeffer

Krabbenfond

Die Krabbenschalen auf einem Backblech ausbreiten und im auf 160 °C vorgeheizten Backofen (Ober-/Unterhitze) 10 Minuten rösten. Die Butter in einem Topf zerlassen. Die gerösteten Krabbenschalen darin 20 Minuten behutsam weiterrösten. Die Schalotte und den Knoblauch schälen, klein schneiden und mit der gewürfelten Tomate und den Gemüsewürfeln zu den gerösteten Krabbenschalen geben. Alles weitere 10 Minuten rösten. Anschließend die Gewürze (Fenchelsaat, Pfefferkörner, Sternanis) hinzufügen und das Tomatenmark hineinrühren und 5 Minuten weiterrösten. Dann mit dem Noilly Prat ablöschen und mit dem kalten Fischfond auffüllen. Den Krabbenfond 25 Minuten köcheln lassen, dann durch ein feines Sieb passieren. Den Fond um zwei Drittel reduzieren, anschließend dezent mit Meersalz, weißem Pfeffer und frisch gepresstem Zitronensaft abschmecken. Den Krabbenfond erneut passieren, vor dem Anrichten erhitzen und mit dem Traubenkernöl aufmixen.

300 g Krabbenschalen (mit den Krabbenschalen vom Teilrezept »Marinierte Krabben«)
50 g Butter
1 Schalotte
1 Knoblauchzehe
1 Tomate
60 g Gemüsewürfel (Fenchelknolle, Karotte, Staudensellerie zu gleichen Teilen)
1 EL Fenchelsaat
3 weiße Pfefferkörner
1 Sternanis (ganz)
1 TL Tomatenmark
100 ml Noilly Prat
400 ml Fischfond (siehe Grundrezept, S. 324)
Meersalz
frisch gemahlener weißer Pfeffer
⅛ Zitrone
40 ml Traubenkernöl

Blumenkohlröschen

Die kleinsten und formschönsten Röschen von dem Blumenkohlkopf schneiden. Dabei darauf achten, dass diese Röschen ungefähr gleich groß sind. Den Rest in grobe Würfel schneiden und für das Blumenkohlpüree beiseitelegen. Die Blumenkohlröschen in Salzwasser bissfest blanchieren, dann in Eiswasser abschrecken und auf Küchenpapier abtropfen lassen. Kurz vor dem Anrichten das Sonnenblumenöl in einem Topf erhitzen. Die blanchierten Blumenkohlröschen darin anschwitzen, dann mit Meersalz, weißem Pfeffer und Zucker würzen.

1 Blumenkohlkopf
Salz
3 g Sonnenblumenöl
Meersalz
frisch gemahlener weißer Pfeffer
1 Prise Kristallzucker

Blumenkohlpüree

Die Schalotte schälen und in feine Würfel schneiden. Die Butter in einem Topf erhitzen. Die Schalottenwürfel darin anschwitzen, dann die Blumenkohlwürfel hinzufügen und 5 Minuten farblos mitschwitzen. Anschließend die Milch angießen und die Blumenkohlwürfel im offenen Topf weich kochen. Den Topfinhalt dann im Mixer zu einem sehr feinen Püree verarbeiten. Das Blumenkohlpüree dezent mit Meersalz und weißem Pfeffer abschmecken.

1 Schalotte
40 g Butter
Blumenkohlwürfel
(siehe Teilrezept »Blumenkohlröschen«)
300 ml Vollmilch
Meersalz
frisch gemahlener weißer Pfeffer

Gerösteter Pumpernickel

Den Pumpernickel zwischen den Handflächen fein zerbröseln. Die Butter in einer großen Pfanne zerlassen und die Pumpernickelbrösel darin knusprig anbraten.

150 g Pumpernickel
35 g gesalzene Butter

Frittierte Krabben

Das Sonnenblumenöl in einem Topf auf 220 °C erhitzen. Die Krabben darin kurz knusprig ausbacken, dann mit einem Schaumlöffel herausheben und auf reichlich Küchenkrepp abtropfen lassen. Die Krabben bis zum Anrichten im auf 60 °C vorgeheizten Backofen (Ober-/Unterhitze) warm halten.

200 ml Sonnenblumenöl
150 g kleine, rohe, ungeschälte Nordseekrabben

Anrichten

Etwas Blumenkohlpüree, die marinierten Krabben, einige Tupfen Krabbencreme sowie einige Blumenkohlröschen »wild« auf 6 großen Tellern verteilen. Je 1 runden Pumpernickelchip flach darauflegen, und das Ganze auf dem Chip wiederholen. Die frittierten Krabben dazwischensetzen und mit etwas geröstetem Pumpernickel bestreuen. Etwas Krabbenpulver außenherum verteilen, etwas aufgemixten Krabbenfond dazugeben und mit einigen Estragonblättchen garnieren.

einige Blättchen Estragon

Tipp

Die Hauptsaison für Krabben ist von Ende August bis Ende November. Das Wattenmeer ist die Kinderstube der Krabben. Im Winter ziehen sich die Tiere in tiefere Gewässer zurück. Wir verwenden ausschließlich Krabben von einem »feinheimischen« Produzenten, der eine eigene Krabbenpulmaschine hat. Die Krabben sind damit frei von Konservierungsstoffen und nur wenige Tage haltbar. Richtig frische Krabben schmecken nach Meer – also Jod – und sind leicht süßlich und saftig.

NORDSEEKNIEPER MIT ERBSEN UND MINZE

Vorbereiten der Knieper

Das Wasser mit dem Salz aufkochen. Die Knieperscheren in das kochende Salzwasser legen, den Topf mit einem Deckel verschließen und die Knieper bei 85 °C etwa 10 Minuten ziehen lassen. Die gekochten Knieper sofort in Eiswasser abschrecken. Das Fleisch vorsichtig aus den Schalen brechen und sorgfältig von allen Schalensplittern befreien. Die Schalen für den Knieperfond beiseitestellen, das ausgelöste Knieperfleisch bis zum Anrichten kühl stellen.

für 6 Personen:
3 l Wasser
70 g Salz
2 kg Nordseeknieperscheren
(Taschenkrebsscheren)

Knieperfond

Die Knieperschalen auf einem Backblech verteilen und im auf 180 °C vorgeheizten Backofen (Ober-/Unterhitze) etwa 10 Minuten rösten. Die Butter in einem Topf zerlassen und die gerösteten Knieperschalen darin 20 Minuten weiterrösten. Die Schalotten schälen und fein würfeln. Den Fenchel putzen und klein würfeln. Den Staudensellerie putzen und klein würfeln. Die Karotte schälen und klein würfeln. Den Knoblauch schälen und vom Keim befreien. Die Tomate klein würfeln. Das gesamte Gemüse zu den Knieperschalen geben und 10 Minuten mitrösten. Anschließend das Tomatenmark hineinrühren und die Gewürze (Fenchelsaat, Pfefferkörner, Sternanis) hinzufügen und weiterrösten. Nach 5 Minuten mit dem Noilly Prat ablöschen und mit dem kalten Fischfond auffüllen. Den Fond weitere 25 Minuten leicht köcheln lassen, dann durch ein feines Sieb passieren. Von dem passierten Fond 250 ml abnehmen und für das Kniepergelee beiseitestellen. Den restlichen Fond um zwei Drittel reduzieren, dann dezent mit Meersalz, weißem Pfeffer und ein paar Tropfen Zitronensaft abschmecken, dann auf Raumtemperatur abkühlen lassen.

Knieperschalen
(siehe Teilrezept »Vorbereiten der Knieper«)
60 g Butter
2 Schalotten
100 g Fenchel
100 g Staudensellerie
80 g Karotten
1 Knoblauchzehe
1 Tomate
1 TL Tomatenmark
1 EL Fenchelsaat
3 weiße Pfefferkörner
1 Sternanis (ganz)
100 ml Noilly Prat
2 l kalter Fischfond (siehe Grundrezept, S. 324)
Meersalz
frisch gemahlener weißer Pfeffer
⅛ Zitrone

Kniepergelee

Den Knieperfond mit Fleur de Sel und weißem Pfeffer abschmecken. Dann das Gelatinepulver einmixen und den Fond aufkochen. Das noch flüssige heiße Gelee rasch und gleichmäßig in ein tiefes Blech geben. (Vorsicht: Das Gelee zieht innerhalb weniger Sekunden an!) Vor dem Anrichten mit einer rechteckigen Ausstechform (Anrichteform) 6 Kniepergeleeplatten ausstechen.

250 ml Knieperfond (siehe Teilrezept)
Fleur de Sel
frisch gemahlener weißer Pfeffer
15 g vegetarische Gelatine

Erbsenfond

Die Erbsenkerne mit dem Mineralwasser, etwas Salz und Zucker sowie etwas frisch gepresstem Zitronensaft in einen Mixbecher geben und fein mixen. Das Erbsenpüree durch ein Tuch passieren und mit dem Traubenkernöl verrühren. 1 EL Erbsenfond zum Marinieren der Erbsensprossen beiseitestellen. Den restlichen Erbsenfond für die marinierten Erbsen beiseitestellen.

200 g frische Erbsenkerne, bissfest blanchiert
100 ml Mineralwasser
Salz
Kristallzucker
etwas frisch gepresster Zitronensaft
30 ml Traubenkernöl

Marinierte Erbsen und kandierte Erbsenschale

Die Erbsenkerne aus den Schoten brechen und in kochendem Salzwasser weich blanchieren, anschließend sofort in Eiswasser abschrecken. Die blanchierten Erbsenkerne aus den Häutchen drücken. Die Erbsenkerne in dem Erbsenfond marinieren. Das Wasser mit dem Zucker und dem Weißweinessig vermischen. Die Erbsenhäutchen darin 5 Minuten köcheln, dann aus dem Wasser nehmen und auf Küchenpapier abtropfen lassen. Die abgetropften Erbsenhäutchen im Dörrgerät trocknen, bis sie knusprig sind.

200 g frische Erbsen in der Schote
Salz
Erbsenfond (siehe Teilrezept »Erbsenfond«)
20 ml Wasser
20 g Kristallzucker
5 ml Weißweinessig

Erbsenpüree

Die Schalotten schälen und in Streifen schneiden. Die Butter in einem Topf zerlassen und die Schalotten darin anschwitzen. Die Erbsen hinzufügen und alles mit Salz und Pfeffer würzen. Anschließend mit der Sahne auffüllen und aufkochen. Den Topfinhalt mit der Minze in den Mixer geben und zu feinem Püree verarbeiten. Das Erbsenpüree nochmals abschmecken und auf ein flaches Blech streichen, dann im Kühlschrank erkalten lassen. Das Püree dann durch ein Sieb streichen.

1 Schalotte
20 g Butter
250 g Erbsenkerne (TK-Produkt)
Salz
frisch gemahlener schwarzer Pfeffer
200 g flüssige Sahne
15 Blättchen Minze

Fertigstellen Knieper

Das gegarte Knieperfleisch etwas zerteilen. Einige schöne ausgelöste Knieperscheren beiseitestellen, das restliche Knieperfleisch etwas zerteilen. Dann die Knieperscheren und das Knieperfleisch getrennt voneinander in etwas Knieperfond marinieren.

vorgegartes Knieperscherenfleisch (siehe Teilrezept »Vorbereiten Knieper«)
Knieperfond (siehe Teilrezept »Knieperfond«)

Anrichten

Je 1 rechteckige Anrichteform auf 6 Teller stellen. Das marinierte Knieperfleisch hineingeben und mit je einem Kniepergelee belegen, darauf das Erbsenpüree in die Formen streichen. Einige schöne Knieperscheren obenauf setzen, mit einigen marinierten Erbsen und Erbsenchips bestreuen. Dann die Anrichteform entfernen und mit einigen Erbsensprossen garnieren. Die restlichen marinierten Erbsen und die Erbsenchips rundherum verteilen. Etwas Erbsenfond und den Knieperfond rundherum träufeln.

50 g Erbsensprossen, in etwas Erbsenfond mariniert

Tipp

Knieperscheren sind Taschenkrebsscheren. Die Tiere gibt es in kleiner Zahl auch um Sylt herum, meist aber werden sie vor Helgoland oder Dänemark gefangen. Das Scherenfleisch schmeckt überaus köstlich, hat einen ganz eigenen, süßlichen Geschmack und eignet sich besonders gut für Vorspeisen. Wir würzen das Knieperfleisch gar nicht, weil es ein ganz natürliches, feines salziges Aroma hat.

ROH MARINIERTE MEERÄSCHE MIT HERZMUSCHELN, GEHOBELTEM FENCHEL UND BOTTARGA

Vorbereiten der Meeräsche

Die Meeräsche schuppen, filetieren und von allen Gräten befreien. Die Meeräschenfilets kalt stellen.

für 6 Personen:
1 große Meeräsche (ca. 2,5 kg)

Karamellisierter Fenchel

Die Fenchelsaat auf ein Backblech geben und im auf 160 °C vorgeheizten Backofen (Ober-/Unterhitze) 6 Minuten leicht rösten. Das Wasser mit dem Zucker in eine breite Pfanne geben und auf 115 °C erhitzen. Sofort die geröstete, heiße Fenchelsaat hineingeben. Alles so lange köcheln, bis der Zucker karamellisiert, dann die Butter zugeben. Die karamellisierte Fenchelsaat schnell auf Backpapier verteilen, auseinanderzupfen und abkühlen lassen.

50 g Fenchelsaat
25 g Wasser
60 g Kristallzucker
5 g Butter

Fenchelpüree

Den Fenchel, putzen, waschen, vom Strunk befreien und in grobe Würfel schneiden. Die Schalotte schälen und in feine Würfel schneiden. Das Olivenöl in einem Topf erhitzen. Die Fenchel- und Schalottenwürfel darin anschwitzen, dann mit Salz, Pfeffer und Zucker würzen. Mit dem Noily Prat ablöschen und mit der Gemüsebrühe auffüllen. Die Fenchelsaat in einen Gewürzbeutel füllen, diesen zubinden und in den Fond geben. Den Fenchel im geschlossenen Topf weich dünsten. Dann den Deckel vom Topf nehmen und die Flüssigkeit leicht reduzieren. Den Gewürzbeutel entfernen und alles mit dem Stabmixer zu einem feinen Püree verarbeiten. Das Fenchelpüree mit Salz, Pfeffer und frisch gepresstem Zitronensaft abschmecken.

1 Fenchelknolle
½ Schalotte
50 ml Olivenöl
Salz
frisch gemahlener schwarzer Pfeffer
Kristallzucker
50 ml Noilly Prat
50 ml Gemüsebrühe (siehe Grundrezept, S. 323)
1 TL Fenchelsaat
frisch gepresster Zitronensaft

Herzmuscheln

Die Herzmuscheln gründlich wässern, damit alle Sandreste ausgewaschen werden. Geöffnete Exemplare aussortieren und wegwerfen. Die Muscheln auf einem Backblech verteilen und im Dampfgarofen bei 95 °C dämpfen, bis sie sich geöffnet haben. (Alternativ etwas Olivenöl in einem Topf erhitzen und die Muscheln im geschlossenen Topf garen, bis sie sich geöffnet haben.) Bei beiden Zubereitungsvarianten den Muschelsaft auffangen und durch ein feines Tuch passieren. Nochmal etwas einkochen lassen, sodass ein kräftiger Muschelfond entsteht. Nach dem Garen geschlossene Exemplare aussortieren und wegwerfen. Das Muschelfleisch aus den Schalen lösen und beiseitestellen.

1 kg Herzmuscheln

Marinade

Den Muschelsaft mit einigen Tropfen frisch gepressten Zitronensaft und dem Rapskernöl in einen hohen Mixbecher geben und zu einer Marinade mixen. Diese mit Meersalz und Pfeffer abschmecken. Die Marinade bis zum Anrichten warm stellen.

150 ml heißer Muschelsaft
(siehe Teilrezept »Herzmuscheln«)
einige Tropfen frisch gepresster Zitronensaft
40 ml Rapskernöl
Meersalz
frisch gemahlener weißer Pfeffer

Roh marinierter Fenchel

Den Fenchel putzen, waschen, vom Strunk befreien und mit einem Trüffelhobel oder auf einer Mandoline in feine Streifen hobeln. Aus dem Rapskernöl und etwas frisch gepresstem Zitronensaft eine Marinade rühren. Diese mit Salz, Pfeffer und Zucker abschmecken. Die Fenchelstreifen kurz vor dem Anrichten darin marinieren.

½ Fenchelknolle
20 ml Rapskernöl
frisch gepresster Zitronensaft
Salz
frisch gemahlener schwarzer Pfeffer
Kristallzucker

Anrichten

Das Fenchelpüree kreisförmig auf 6 Teller verteilen. Das kalte Meeräschenfilet mit einem langen, scharfen Messer in hauchfeine Scheiben schneiden. Dieses Meeräschencarpaccio in Rosettenform locker auf dem Fenchelpüree anrichten. Die gedämpften Herzmuscheln auf dem Carpaccio verteilen. Alles leicht mit Salz und Pfeffer bestreuen. Die Teller straff mit Klarsichtfolie überziehen und im auf 70°C vorgeheizten Backofen (Umluft) 6–7 Minuten erwärmen. Die Teller aus dem Ofen nehmen und von der Folie befreien. Die warme Marinade darüberträufeln. Den roh marinierten Fenchel, die karamellisierte Fenchelsaat und etwas Fenchelgrün daraufgeben. Den Bottarga mit einem Trüffelhobel hauchdünn darüberhobeln.

etwas Fenchelgrün
30 g Bottarga (getrockneter Meeräschenrogen)
Salz
frisch gemahlener weißer Pfeffer

Tipp

Meeräsche ist ein wunderbarer Fisch, den ich um Sylt herum in großen Mengen zur Saisonzeit – Mai bis Oktober – kaufen kann. Es gibt einige Stellnetzfischer, die ihr Handwerk bestens verstehen. Sie müssen wegen Ebbe und Flut, Wind und Mond mit vielen Unwägbarkeiten zurechtkommen. Außerdem sind es die Launen der Natur und oft unerklärliche Gründe, warum der Fisch manchmal ausbleibt und an anderen Tagen in großen Schwärmen plötzlich wieder da ist. Geschmacklich ist dieser Vegetarier nicht zu schlagen, aber es ist größte Vorsicht beim Garen geboten, sonst schmeckt die Meeräsche trocken und fad.

RADIESCHEN MIT FRISCHKÄSE

Gegarte Radieschen

für 6 Personen:
50 Stück kleine erntefrische Radieschen
200 ml kohlensäurehaltiges Mineralwasser
2 ml Chardonnay-Essig
1 TL Kristallzucker
1 Msp. Meersalz
frisch gemahlener weißer Pfeffer

Von den Radieschen die grünen Blätter abschneiden. Die feinen grünen Blätter heraussuchen, in kaltes Wasser legen und bis zum Anrichten beiseitestellen. Die Wurzeln von den Radieschen nicht abschneiden. Die Radieschen mit dem Mineralwasser, dem Essig, dem Zucker, dem Meersalz und etwas weißem Pfeffer in einen Vakuumierbeutel geben und vakuumieren. Den Beutel in ein heißes Wasserbad oder in den Dampfgarer geben und die Radieschen bei 95 °C in 30–40 Minuten weich garen. Anschließend den Beutel sofort in Eiswasser abschrecken. Die Radieschen aus dem Beutel nehmen, das Radieschenwasser auffangen. 14 Radieschen für das Püree beiseitestellen.

Radieschenpüree

14 gegarte Radieschen
(siehe Teilrezept »Gegarte Radieschen«)
40 ml Traubenkernöl

Die gegarten Radieschen im Mixer sehr fein pürieren, dann langsam das Traubenkernöl hineinmixen. Sollte das Püree zu dickflüssig werden, mit etwas Radieschenwasser (siehe Teilrezept »Gegarte Radieschen«) verdünnen.

Frischkäse

500 ml Vollmilch
25 ml flüssige Sahne
10 ml Buttermilch
2 g Lab (Enzym zur Käseherstellung, in der Käserei erhältlich)

Die Milch in einem Topf auf 23 °C erwärmen. Dann die Sahne, die Buttermilch und das Lab hinzufügen. Das Gemisch in einen Vakuumierbeutel geben, vakuumieren und in ein auf 36,5 °C temperiertes Wasserbad geben. Den Käse darin ziehen lassen, bis er die Konsistenz von frischem Feta hat. Den Käse dann in eine Schüssel geben und abkühlen lassen, anschließend mit einer Gabel grob zerbröseln und verrühren.

Anrichten

Radieschenwasser
(siehe Teilrezept »Gegarte Radieschen«)
36 gegarte Radieschen
(siehe Teilrezept »Gegarte Radieschen«)

Das Radieschenwasser in eine große Pfanne geben. Die gegarten Radieschen darin unter ständigem Schwenken glasieren und die Flüssigkeit dabei einkochen. Das Radieschenpüree auf 6 tiefe Teller verteilen, die glasierten Radieschen mit den Wurzeln nach oben daraufsetzen, den Käsebruch in die Zwischenräume geben und mit den Radieschenblättern garnieren.

Tipp

Sie können für dieses Rezept auch Ziegenfrischkäse oder Schafsjoghurt verwenden. Eigentlich ist es kein ganzes Gericht, sondern eher eine Nascherei zum herzhaften Frühstück.

SALZKARTOFFEL UND MORSUMER GARTENSPARGEL MIT ZIEGENBUTTERHOLLANDAISE

Salzkartoffel

Die Hälfte des Meersalzes in eine Auflaufform streuen. Die Kartoffeln in das Salzbett setzen und mit dem restlichen Meersalz bedecken. Die Kartoffeln im auf 160 °C vorgeheizten Backofen (Ober-/Unterhitze) etwa 45 Minuten (je nach Größe der Kartoffeln) weich garen. Die Kartoffeln dann aus dem Salz nehmen und mit einem Messer der Länge nach aufschneiden. Den Schnitt etwas auseinanderdrücken, sodass eine Öffnung entsteht. Die Kartoffeln mit einem Teelöffel etwas aushöhlen. 1 EL Ziegenfrischkäse in jede Kartoffel geben und sofort anrichten.

für 6 Personen:
1 kg grobes Meersalz
6 große mehligkochende Kartoffeln
100 g Ziegenfrischkäse

Spargel

Den Spargel schälen und die holzigen Enden abschneiden. Die Schalen und die Abschnitte mit reichlich Wasser, dem frisch gepressten Zitronensaft, etwas Salz und Pfeffer in einen Topf geben und aufkochen. Den Fond 10 Minuten köcheln lassen, dann durch ein Sieb gießen. Den Spargelfond aufkochen lassen und den Spargel darin kurz bissfest kochen. Den Spargel aus dem Fond nehmen, auf Küchenpapier abtropfen lassen und lauwarm anrichten.

200 g kleine weiße Spargelstangen
1 Zitrone
Fleur de Sel
frisch gemahlener weißer Pfeffer

Reduktion

Die Schalotte schälen und fein würfeln, dann mit dem Noilly Prat, dem Wasser, dem Essig, dem Estragon, dem Lorbeerblatt, den Pfefferkörnern und den Koriandersamen in einen Topf geben und aufkochen. Die Flüssigkeit auf ein Drittel reduzieren, dann durch ein Sieb gießen. Die Reduktion lässt sich im Kühlschrank mindestens 1 Woche aufbewahren.

1 Schalotte
200 ml Noilly Prat
100 ml Wasser
10 ml Chardonnay-Essig
4 Zweige Estragon
1 frisches Lorbeerblatt
1 TL weiße Pfefferkörner
1 TL Koriandersamen

Ziegenbutterhollandaise

Die Ziegenbutter zu einer leichten Nussbutter erhitzen. Die Eigelbe mit der Reduktion in eine Metallschüssel geben und über einem heißen Wasserbad auf 80 °C aufschlagen. Die leicht nussige Ziegenbutter durch ein feines Sieb gießen und langsam unter stetigem Rühren in das Eigelbgemisch fließen lassen. Diese Hollandaise mit Meersalz, weißem Pfeffer, Cayennepfeffer und Zitronensaft abschmecken.

120 g Ziegenbutter
3 Eigelb
80 ml Reduktion (siehe Teilrezept)
Meersalz
frisch gemahlener weißer Pfeffer
1 ganz kleine Msp. Cayennepfeffer
1 TL frisch gepresster Zitronensaft

Anrichten

Die Kartoffeln auf 6 Teller setzen. Die lauwarmen Spargelstangen in die Kartoffeln stecken. Alles mit den Gartenkräutern garnieren. Die Ziegenbutterhollandaise separat dazureichen.

Gartenkräuter nach Belieben (z. B. Schnittlauchhalme, junge Spitzwegerichblätter, Gartenmelde)

SÖLRING HOF
HÖRNUM

SAUTIERTER HUMMER UND GEBRATENER SPARGEL MIT PORTULAKBLÜTEN

Hummer

für 6 Personen:
Salz
3 lebende europäische Hummer (à 900 g)
120 g gesalzene Butter
3 Zweige Thymian
frisch gemahlener weißer Pfeffer
etwas frisch gemahlene Koriandersamen
1 Msp. gemahlener Sanshopfeffer (japanischer Zitronenpfeffer)
¼ Limette
50 ml Pastis

Reichlich Salzwasser in einem großen Topf zum Kochen bringen. Die lebenden Hummer einzeln mit dem Kopf voran in das sprudelnd kochende Wasser geben, kurz aufkochen lassen und 3 Minuten bei geschlossem Topf ziehen lassen. Dabei die Hummer mit einem Holzkochlöffel unter die Wasseroberfläche drücken. Die Hummer aus dem Wasser nehmen und in reichlich Eiswasser abschrecken. Das Hummerkochwasser sprudelnd aufkochen. Die Scheren abbrechen und 3 Minuten nachkochen. Anschließend das Scheren- und Schwanzfleisch der Hummer aus den Schalen brechen. Das Hummerfleisch in grobe Stücke schneiden. Kurz vor dem Anrichten die Butter in einer großen Pfanne zerlassen und fast braun werden lassen. Den Thymian hinzufügen. Das Hummerfleisch darin kurz unter mehrmaligem Schwenken sautieren, bis es leicht Farbe annimmt. Das Hummerfleisch mit Pfeffer, Koriander und Sanshopfeffer würzen. (Wichtig: Die Pfanne muss groß sein und sehr heiß. Ist sie zu klein oder zu kalt, zieht das Hummerfleisch Wasser und verkocht, bevor Röstaromen entstehen.) Das sautierte Hummerfleisch aus der Pfanne nehmen. Die Bratbutter mit dem frisch gepressten Limettensaft und dem Pastis lösen.

Spargel

36 kleine, dünne weiße Spargelstangen
30 ml Sonnenblumenöl
1 Prise Meersalz
frisch gemahlener weißer Pfeffer
Kristallzucker

Den Spargel vorsichtig schälen und die holzigen Enden abschneiden. Die Spargelstangen in ca. 5 cm lange Stücke schneiden. Das Sonnenblumenöl in einer Pfanne erhitzen. Den Spargel in die Pfanne geben, mit Meersalz, weißem Pfeffer und Zucker würzen und langsam gar braten. (Sie müssen den Spargel vor dem Braten nicht kochen – kleine und dünne Stangen werden problemlos beim Braten gar.)

Anrichten

einige Portulakblüten oder Gartenkräuter

Den sautierten Hummer mit dem Spargel auf 6 Tellern anrichten. Mit einigen Portulakblüten oder Gartenkräutern garnieren und alles mit der Hummerbratbutter beträufeln.

Tipp

Nehmen Sie nur europäischen Hummer, er schmeckt im Gegensatz zum amerikanischen viel feiner und runder. Es ist sehr wichtig, dass der Hummer nach dem Kochen schön glasig ist. Die Scheren müssen Sie länger kochen, sonst können Sie das Hummerfleisch nicht aus den Schalen lösen. Alles in der heißen Pfanne nur ganz kurz schwenken.

SYLTER STRANDSALAT

Brunnenkresse-püree

für 6 Personen:
4 Bund Brunnenkresse
Salz
200 ml Sonnenblumenöl
½ gegarte, durchgepresste mehligkochende Kartoffel
Meersalz
frisch gemahlener weißer Pfeffer
Austernwasser (siehe Teilrezept »Muscheln und Austern«)

Die Brunnenkresse von den Stielen befreien, waschen und gut trocken tupfen. Die Hälfte der Brunnenkresse in kochendem Salzwasser blanchieren, sofort in Eiswasser abschrecken, abgießen und kräftig alles Wasser ausdrücken. Das Sonnenblumenöl in einem kleinen Topf erhitzen und die restliche Brunnenkresse darin knusprig frittieren, dann aus dem Topf nehmen und auf Küchenpapier abtropfen lassen. Die blanchierte und die frittierte Brunnenkresse mit der gegarten, durchgepressten Kartoffel vermischen, in einen Pacojetbecher geben und den Pacojetbecher 12 Stunden gefrieren, anschließend mindestens 4-mal pacossieren, dazwischen das geschabte Brunnenkressepüree im Pacojetbecher wieder einfrieren. Nach dem letzten Vorgang das geschabte Brunnenkressepüree beiseitestellen und anschließend mit Meersalz und frisch gemahlenem weißem Pfeffer abschmecken, dann mit dem Austernwasser auf eine cremige Konsistenz mixen und kalt stellen. (Wer keinen Pacojet hat, kann die blanchierte und die frittierte Brunnenkresse mit der gegarten Kartoffel im Mixer sehr fein pürieren, dann mit dem Austernwasser auf eine cremige Konsistenz mixen.)

Muscheln und Austern

6 Sylter Royal Austern
30 Herzmuscheln, gewaschen
18 Blaumuscheln, gewaschen

Die ungeöffneten Austern im Dampfgarofen bei 80 °C Dampf 6 Minuten dämpfen. Anschließend das Austernfleisch aus den Schalen brechen und das Austernwasser auffangen. Das Austernfleisch und das Austernwasser beiseitestellen. Die Herzmuscheln und die Blaumuscheln auf einem Blech verteilen und im Dampfgarofen bei 80 °C Dampf dämpfen, bis sie sich öffnen. Anschließend das Muschelfleisch aus den Schalen lösen und das Muschelwasser auffangen. Einige schöne Herzmuschelschalen beiseitelegen.

Wattschnecken

500 g Wattschnecken (im Haus)
50 ml Sonnenblumenöl
1 Schalotte, geschält und kleingeschnitten
40 g Staudensellerie, geputzt und fein geschnitten
40 g Fenchel, geputzt und fein geschnitten
40 g Champignons, geputzt und fein geschnitten
100 ml Noilly Prat
250 ml Fischfond (siehe Grundrezept, S. 324)

Die Schnecken kurz unter fließendem kaltem Wasser waschen. Einen Topf stark erhitzen. Das Sonnenblumenöl hineingeben und die Schnecken darin bei starker Hitze kurz anschwitzen. Anschließend das Gemüse (Schalotten, Staudensellerie, Fenchel, Champignons) hinzufügen und mit dem Noilly Prat ablöschen. Dann mit dem Fischfond auffüllen und alles zugedeckt 5 Minuten köcheln lassen. Den Fond dann durch ein Sieb gießen, auf die Hälfte einkochen und beiseitestellen. Die Schnecken mit Hilfe einer Stecknadel aus den Häusern pulen, dann vom Darm und dem Hornplättchen befreien.

Muschelgelee

Das Muschelwasser mit dem Schneckenfond in einen Topf geben, das Agar-Agar hinzufügen und aufkochen. Die Gelatine 5 Minuten in kaltem Wasser einweichen, dann ausdrücken und in dem heißen Muschelfond auflösen. Den Muschelfond sofort dünn auf ein flaches Blech geben und mindestens 30 Minuten kalt stellen.

125 ml Muschelwasser
(siehe Teilrezept »Muscheln und Austern«)
125 ml Wattschneckenfond
(siehe Teilrezept »Wattschnecken«)
3 g Agar-Agar
2 Blatt weiße Gelatine

Muschelvinaigrette

Den Muschelsaft mit dem Schneckensaft in eine Schüssel geben. Mit dem Schneebesen etwas frisch gepressten Zitronensaft, das Traubenkernöl und etwas weißen Pfeffer hineinrühren. Das Fenchelkraut fein schneiden und in die Vinaigrette rühren.

100 ml Muschelwasser
(siehe Teilrezept »Muscheln und Austern«)
100 ml Wattschneckenfond
(siehe Teilrezept »Wattschnecken«)
⅛ Zitrone
40 ml Traubenkernöl
frisch gemahlener weißer Pfeffer
5 Zweige Fenchelkraut

Anrichten

Das Brunnenkressepüree auf 6 gut gekühlte Teller streichen. Die Austern, die Herzmuscheln, die Blaumuscheln und die Wattschnecken darauf anrichten. Das Muschelgelee in 3 cm breite Streifen schneiden und diese aufrollen. Auf jeden Teller 3 Muschelgeleeröllchen setzen. Den ungeschälten Apfel sehr fein reiben und kleine Tupfen auf die Teller geben. Den Meerrettich ebenfalls sehr fein reiben und auf die Teller geben. Mit den Quellerspitzen, den Strandportulaktrieben, etwas Fenchelkraut und ein paar Herzmuschelschalen garnieren. Abschließend mit der Muschelvinaigrette umgießen.

1 Apfel (Granny Smith)
20 g frisch geriebener Meerrettich
80 g ganz feine junge Quellerspitzen
80 g feine Triebe vom Strandportulak
etwas Fenchelkraut

Tipp

Das Aroma dieses Gerichts ist sehr jodig, »meerig« und »nass«. Richtet man dieses Gericht auf sehr kalten Tellern an, unterstreicht das den jodigen Geschmack. Statt aus Brunnenkresse können Sie das Püree auch aus Queller zubereiten. Dazu den Queller von allen Stielen befreien, kurz blanchieren, abschrecken und sehr fein mixen, dann mit Austernwasser aufmixen.

5.30

KNURRHAHN AUF KARTOFFELRÖSTBROT, RAUCHFOND UND FRÜHLINGSLAUCH

für 6 Personen:
3 ganze Knurrhähne (à 600–700 g)

Vorbereiten des Knurrhahns

Die Knurrhähne von den Köpfen und allen Flossen befreien, filetieren und entgräten. Die 6 Knurrhahnfilets beiseitestellen. Die Fischköpfe, Gräten und die beim Filetieren entfernten Bauchlappen mehrmals in kaltem Wasser wässern, bis sämtliches Blut und alle Trübstoffe ausgewaschen sind.

Rauchfond

gewässerte Fischkarkassen
(siehe Teilrezept »Vorbereiten des Knurrhahns«)
100 g Buchenräuchermehl
1 Schalotte
50 g Staudensellerie
50 g Fenchel
3 Champignons
40 g Sonnenblumenöl
50 ml Noilly Prat
400 ml Fischfond (siehe Grundrezept, S. 324)
1 Knoblauchzehe, geschält und entkeimt
1 Zweig Estragon
1 Zweig glatte Blattpetersilie
2 schwarze Pfefferkörner
1 Wacholderbeere
1 frisches Lorbeerblatt
½ Zitrone
Fleur de Sel
frisch gemahlener weißer Pfeffer
40 g eiskalte Butterwürfel

Die gewässerten Fischkarkassen in einen Rauchkasten hängen, das Räuchermehl aufglimmen lassen und die Fischkarkassen 1 Stunde kalt räuchern. Sämtliches Gemüse (Schalotte, Staudensellerie, Champignons, Fenchel) bei Bedarf schälen bzw. putzen und in feine Scheiben schneiden. Das Sonnenblumenöl in einem Topf erhitzen. Die geräucherten Fischkarkassen mit dem Gemüse darin anschwitzen. Anschließend mit dem Noilly Prat ablöschen und mit dem Fischfond auffüllen. Den Knoblauch, die Kräuter (Estragon, Petersilie) und die Gewürze (Pfefferkörner, Wacholderbeere, Lorbeerblatt) hinzufügen und den Fond 20 Minuten köcheln lassen. Den Rauchfond dann durch ein feines Sieb passieren und um die Hälfte reduzieren. Mit frisch gepresstem Zitronensaft, Fleur de Sel und weißem Pfeffer abschmecken. Den Rauchfond vor dem Anrichten nochmals erhitzen und abschließend mit den eiskalten Butterwürfeln montieren.

Frühlingslauch vorbereiten

3 Bund Frühlingslauch
100 g gekochte, durchgepresste Kartoffeln
100 ml Weizengrasöl
Fleur de Sel
frisch gemahlener weißer Pfeffer

Die Wurzeln des Frühlingslauchs abschneiden. Die Frühlingslauchwurzeln gründlich waschen, trocken tupfen und beiseitestellen. Die Frühlingslauchstangen waschen und trocken tupfen. Das Weiße der Frühlingslauchstangen auf eine Länge von ca. 3–4 cm zuschneiden, dann in sprudelnd kochendem Salzwasser blanchieren, in Eiswasser abschrecken und bis zum Anrichten beiseitestellen. Von dem Blanchierwasser 100 ml abnehmen und ebenfalls bis zum Anrichten beiseitestellen. Das Hellgrüne der Frühlingslauchstangen roh in dünne Streifen schneiden und bis zum Anrichten in Eiswasser legen. Das Grüne der Frühlingslauchstangen in Stücke schneiden. Die Hälfte kurz in sprudelnd kochendem Salzwasser blanchieren und in Eiswasser abschrecken. Das blanchierte Lauchgrün in einem Mixer pürieren, dann die gekochten, durchgepressten Kartoffeln zugeben und nochmals gut durchmixen. Dieses Lauchpüree kurz vor dem Anrichten erwärmen. Das restliche, unblanchierte Lauchgrün in einen Mixer geben und mit dem Weizengrasöl glatt mixen. Diese Lauchmasse 30 Minuten ruhen lassen und anschließend durch ein feines Küchentuch abtropfen lassen. Dieses Lauchöl bis zum Anrichten beiseitestellen.

Kartoffelröstbrot

Die Hälfte der Kartoffeln schälen, in Salzwasser gar kochen, anschließend abgießen, kurz ausdämpfen lassen und klein stampfen. Das Mehl in eine große Schüssel sieben. In die Mitte eine Mulde drücken und die Hefe hineinbröseln. Den Zucker darüberstreuen. Die warme Milch darübergeben und mit einem Kochlöffel etwas Mehl in das Milch-Hefe-Gemisch rühren. Diesen Vorteig zugedeckt an einem warmen Ort 10 Minuten gehen lassen. Die restlichen Kartoffeln schälen und roh reiben. Die gestampften Kartoffeln, die geriebenen Kartoffeln, 5 g Salz, das Ei und die flüssige Butter zu dem Vorteig geben und mit den Knethacken alles kräftig vermengen und durchkneten. Den Hefeteig in eine gebutterte und bemehlte Kastenform geben und zugedeckt an einem warmen Ort weitere 45 Minuten gehen lassen. Das Kartoffelbrot dann im auf 190°C vorgeheizten Backofen (Ober-/Unterhitze) 35–40 Minuten backen. Dann aus der Form stürzen und abkühlen lassen. Das Kartoffelbrot vor dem Anrichten in 6 dicke Scheiben schneiden. Diese auf die Form der Knurrhahnfilets zuschneiden. Das Butterschmalz in einer Pfanne erhitzen und die Kartoffelbrotscheiben beidseitig darin knusprig ausbacken, dann auf Küchenpapier abtropfen lassen.

100 g festkochende Kartoffeln
Salz
300 g Weizenmehl, Type 405
15 g frische Hefe
5 g Kristallzucker
50 g warme Vollmilch
1 Ei
30 g flüssige Butter
etwas weiche Butter zum Einfetten der Kastenform
etwas Weizenmehl zum Bemehlen der Kastenform
50 g Butterschmalz

Fertigstellen des Frühlingslauchs

Das Butterschmalz in einem Topf erhitzen und die Lauchwurzeln darin knusprig ausbacken, anschließend auf Küchenpapier abtropfen lassen. Das Lauchpüree erwärmen, dann in einen Spritzbeutel füllen. Das Blanchierwasser in eine Pfanne geben und aufkochen lassen, die kalte Butter unterrühren und die blanchierten weißen Lauchzwiebeln darin glasieren. Einige weiße Lauchzwiebeln in einzelne Röllchen teilen, die restlichen ganz lassen.

200 g Butterschmalz
Lauchwurzeln (siehe Teilrezept »Frühlingslauch«)
Lauchpüree (siehe Teilrezept »Frühlingslauch«)
100 g Blanchierwasser (siehe Teilrezept »Frühlingslauch«)
50 g Butter
blanchierte weiße Lauchzwiebeln (siehe Teilrezept »Frühlingslauch«)

Fertigstellen des Knurrhahns

Die Butter in einer Pfanne zerlassen und die 6 Knurrhahnfilets darin auf der Hautseite anbraten. Den Thymian hinzufügen, die Knurrhahnfilets ca. 3 Minuten braten. Die Knurrhahnfilets immer wieder wenden, mit der Bratbutter übergießen, mit Fleur de Sel, weißem Pfeffer und etwas frisch gepresstem Zitronensaft würzen.

60 g gesalzene Butter
1 Zweig Thymian
Fleur de Sel
frisch gemahlener weißer Pfeffer
einige Tropfen frisch gepresster Zitronensaft

Anrichten

Die gerösteten Kartoffelröstbrotscheiben auf 6 Tellern anrichten. Etwas Frühlingslauchpüree daraufgeben, darauf je ein gebratenes Knurrhahnfilet mit der Haut nach oben legen. Die frittierten Lauchwurzeln, den weißen Frühlingslauch und die hellgrünen Lauchstreifen auf die Teller setzen. Einige weiße Frühlingslauchröllchen mit etwas Frühlingslauchpüree füllen. Zuletzt etwas Lauchöl dazuträufeln. Erst am Tisch den Rauchfond angießen, damit sich das Kartoffelbrot langsam damit vollsaugt.

Tipp

Knurrhahn ist ein wunderbar kräftiger Fisch aus der Nordsee, der am ehesten mit dem Drachenkopf (französisch »rascasse«) verglichen werden kann. Die leichten Röstaromen vom Braten harmonieren hier wunderbar mit dem Rauchfond.

GESCHMORTER RHABARBER MIT WALDMEISTERBAISER UND MOLKESORBET

Mürbeteigtaler

Das Mehl in eine Schüssel sieben und in die Mitte eine Mulde drücken. Den Mandelgrieß, den Puderzucker, das ausgekratzte Vanillemark und etwas fein geriebene Zitronenschale in die Mulde geben und alles vermischen. Die kalten Butterwürfel hinzufügen und alles rasch zu einem glatten Teig verkneten. (Den Teig nicht zu lange kneten, sonst klebt er.) Den Teig in Klarsichtfolie wickeln und mindestens 12 Stunden im Kühlschrank ruhen lassen. Den Mürbeteig anschließend auf einer bemehlten Arbeitsfläche ausrollen und mit einem Ausstechring (4 cm Durchmesser) kleine Taler daraus stechen. Diese Taler auf ein mit Backpapier bedecktes Backblech legen und im auf 160 °C vorgeheizten Backofen (Ober-/Unterhitze) etwa 10 Minuten goldbraun backen.

für 6 Personen:
90 g Weizenmehl, Type 405
45 g blanchierte, gemahlene Mandelkerne (Mandelgrieß)
30 g Puderzucker
¼ Vanilleschote
etwas fein geriebene Zitronenschale
90 g kalte Butterwürfel

Waldmeisterbaiser

Das Wasser aufkochen und den Waldmeister hineingeben. Den Topf vom Herd nehmen und den Sud zugedeckt 20 Minuten ziehen lassen, dann den Fond durch ein feines Sieb passieren. Von diesem Waldmeisterfond 90 ml abnehmen und mit dem Zucker auf 121 °C erhitzen. Den restlichen Waldmeisterfond für die Zubereitung des Waldmeisterwackelpuddings beiseitestellen. Die Eiweiße anschlagen, aber nicht steif schlagen. Den heißen Waldmeistersirup unter ständigem Schlagen in den Eischnee laufen lassen und 10 Minuten weiterschlagen, bis eine glänzende Creme entstanden ist. Von dem Waldmeisterschnee mit einem Teelöffel kleine Portionen abnehmen. Diese auf ein mit Backpapier bedecktes Backblech tupfen und leicht mit Puderzucker bestäuben. Die Waldmeisterbaisers im auf 80 °C vorgeheizten Backofen (Umluft) komplett trocknen lassen (Das dauert je nach Größe der Baiser-»Wölkchen« einige Stunden).

400 ml Wasser
3 Bund Waldmeister
200 g Kristallzucker
90 g Eiweiß
etwas Puderzucker

Waldmeister-wackelpudding

Den Waldmeisterfond mit dem Zucker erwärmen. Die Gelatine 5 Minuten in kaltem Wasser einweichen, dann ausdrücken und in dem warmen Waldmeistersirup auflösen. Das Gelee in ein tiefes Blech füllen und im Kühlschrank zu Wackelpudding erstarren lassen.

200 ml Waldmeisterfond (siehe Teilrezept »Waldmeisterbaiser«)
80 g Kristallzucker
2 ½ Blatt weiße Gelatine

Molkesorbet

Von der Molke 100 ml abnehmen und mit dem Glucosepulver und dem Zucker aufkochen. Den Topf vom Herd nehmen. Die Gelatine 5 Minuten in kaltem Wasser einweichen, dann ausdrücken und in der heißen Molke-Zucker-Mischung auflösen. Anschließend die restliche Molke (400 ml) hineinrühren. Die Masse erkalten lassen, dann mit dem Stabmixer aufmixen und in der Eismaschine zu cremigem Molkesorbet gefrieren.

500 ml Molke
100 g Glucosepulver
20 g Kristallzucker
2 Blatt weiße Gelatine

Rhabarberfond

Den Rhabarber schälen. Die geschälten Stangen für den geschmorten Rhabarber beiseitelegen. Die Schalen mit dem Wasser, dem Weißwein und dem Zucker in einen Topf geben und aufkochen. Den Fond zugedeckt 20 Minuten ziehen lassen, dann passieren.

8 Stangen Rhabarber
1 l Wasser
200 ml trockener Weißwein
50 g Kristallzucker

Geschmorter Rhabarber

Die Rhabarberstangen mit dem Rhabarberfond, dem Sekt, dem Zucker und dem ausgekratzten Vanillemark in einen Vakuumierbeutel geben und vakuumieren. Den Beutel in 90 °C heißes Wasser legen und den Rhabarber darin etwa 10 Minuten weich schmoren. Den Beutel anschließend sofort in ein Eiswürfelbad legen, damit der Garprozess unterbrochen wird. (Alternativ können Sie den Rhabarber statt im Vakuumbeutel im Topf weich garen.) 2 Stangen werden für das Rhabarbergelee benötigt, die restlichen Stangen in Stücke schneiden und bis zum Anrichten beiseitestellen.

- 8 Stangen Rhabarber, geputzt und geschält (siehe Teilrezept »Rhabarberfond«)
- 200 ml Rhabarberfond (siehe Teilrezept »Rhabarberfond«)
- 100 ml trockener Sekt
- 50 g Kristallzucker
- ½ Vanilleschote

Rhabarbergelee

6 Stellringe (4 cm Durchmesser) auf ein kleines Blech stellen. Den geschmorten Rhabarber in feine Würfel schneiden und auf die Stellringe verteilen. Den Rhabarberfond leicht erwärmen. Die Gelatine 5 Minuten in kaltem Wasser einweichen, dann ausdrücken und in dem warmen Rhabarberfond auflösen. Das Gemisch auf einem Eiswürfelbad kühlen, bis es zu gelieren beginnt. Das Gelee ca. 2 cm hoch in die Ringe auf die Rhabarberwürfel füllen. Die gefüllten Ringe sofort zum Erkalten in den Kühlschrank stellen.

- 2 Stangen Rhabarber (siehe Teilrezept »geschmorter Rhabarber«)
- 200 ml Rhabarberfond (siehe Teilrezept »Rhabarberfond«)
- 2 Blatt weiße Gelatine

Korianderstreusel

Das Mehl in einer Schüssel mit dem Zucker, dem Mandelgrieß, etwas Salz und gemahlenem Koriander vermengen. Die flüssige Butter darübergeben und den Teig kurz zu Streuseln verkneten. Die Streusel auf ein mit Backpapier bedecktes Backblech geben und im auf 160 °C vorgeheizten Backofen (Ober-/Unterhitze) etwa 10 Minuten goldgelb backen.

- 50 g Weizenmehl, Type 405
- 40 g Kristallzucker
- 50 g blanchierte, gemahlene Mandelkerne (Mandelgrieß)
- 1 Msp. Salz
- frisch gemahlener Koriander
- 30 g flüssige Butter

Roh gehobelter Rhabarber

Den Rhabarber putzen, schälen und in 5 cm lange Stücke schneiden. Daraus auf einem scharfen Gemüsehobel der Länge nach sehr dünne Späne hobeln. Diese bis zum Anrichten in Eiswasser aufbewahren. Vor dem Anrichten abtropfen lassen.

- 1 Stange Rhabarber

Vanillemilch

Die Milch mit dem Zucker und dem ausgekratzten Vanillemark vermischen und auf 70 °C erwärmen. Die Vanillemilch zum Anrichten mit dem Stabmixer schaumig aufmixen. Mit einem Löffel den obersten Schaum abtragen und sofort anrichten.

- 300 g Vollmilch
- 80 g Kristallzucker
- ½ Vanilleschote

Anrichten

Die Stellringe vom Rhabarbergelee abziehen und je ein Rhabarbergelee auf 6 Teller setzen. Darauf je einen Mürbteigtaler legen. Den geschmorten Rhabarber auf die Teller verteilen. Von dem Wackelpudding kleine Nocken abstechen und auf die Teller setzen. Die Waldmeisterbaisers und einige Korianderstreusel dazusetzen und den gehobelten Rhabarber dazwischenstreuen. Je eine Nocke Molkesorbet auf die Mürbeteigtaler setzen, dann ebenfalls mit roh gehobeltem Rhabarber bestreuen. Die Teller mit aufgeschäumter Vanillemilch und einigen Waldmeisterblättchen vollenden.

- einige frische Waldmeisterblättchen

KAROTTEN-MÜSLI-RIEGEL MIT JOGHURTSORBET

Marinierte Karotten

Die Karotten raspeln, mit dem Zucker, dem Traubenkernöl und dem Zitronensaft vermengen, in ein Sieb geben und 10 Minuten abtropfen lassen. Die Hälfte der Karottenraspeln kurz ausdrücken und für die Karottencracker beiseitestellen. Den Rest bis zum Anrichten beiseitestellen.

für 6 Personen:
200 g frisch geraspelte Karotten
½ TL brauner Rohrzucker
1 Tropfen Traubenkernöl
5 Tropfen frisch gepresster Zitronensaft

Karottencracker

Die Karottenraspel mit dem Zucker vermengen, zwischen 2 Lagen Backpapier dünn ausrollen und 30 Minuten einfrieren. Von der gefrorenen Karottenmatte die obere Lage Backpapier abziehen. Die Karottenmatte im auf 120°C vorgeheizten Backofen (Umluft) 10 Minuten antrocknen, dann die Ofentemperatur auf 80°C reduzieren und die Karottenmatte 2–3 Stunden fertig trocknen. Die Karottenmatte aus dem Ofen nehmen und in einzelne Cracker brechen.

100 g ausgedrückte Karottenraspel (siehe Teilrezept »Marinierte Karotten«)
60 g Kristallzucker

Müsliriegel

Die flüssige Butter mit dem Zucker, dem Mandelgrieß und dem Ei in einer Schüssel gut verrühren. In diesen Teig die Bircher-Müsli-Mischung, die Knusperflakes und die getrockneten Beeren geben. Die Masse etwa 2 cm hoch auf ein mit Backpapier bedecktes Backblech streichen und im auf 160°C vorgeheizten Backofen (Ober-/Unterhitze) 12 Minuten backen, dann aus dem Ofen nehmen, sofort mit der kalten Sahne beträufeln und abkühlen lassen. Vor dem Anrichten 6 Stücke abschneiden.

250 g flüssige Butter
180 g Kristallzucker
3 EL blanchierte, gemahlene Mandelkerne (Mandelgrieß)
1 Ei
150 g Bircher-Müsli-Mischung
80 g Eclat d'or von Valrhona (gesüßte Keks-Knusperflakes)
70 g getrocknete Berberitzenfrüchte
70 g getrocknete Cranberries
5–6 EL kalte flüssige Sahne

Joghurtsorbet

Die Milch mit dem Zucker und dem Glucosepulver in einen Topf geben und aufkochen. Den Topf vom Herd nehmen. Die Gelatine 5 Minuten in kaltem Wasser einweichen, dann ausdrücken und in die heiße Milch rühren. Anschließend den Joghurt unterrühren und die Creme mit etwas frisch gepresstem Limettensaft abschmecken. Die Joghurtcreme in der Eismaschine zu cremigem Sorbet frieren.

50 g Vollmilch
50 g Kristallzucker
50 g Glucosepulver
1 Blatt weiße Gelatine
500 g Naturjoghurt (Fettgehalt 3,5 %)
1 Limette

Anrichten

Je einen Müsliriegel auf 6 Teller setzen. Etwas geraspelte Karotten daraufgeben. Von dem Joghurtsorbet Nocken abstechen und auf die Raspelkarotten setzen. Das Sorbet mit einem Karottencracker dekorieren. Die Teller mit etwas Joghurtpuder und etwas Müsli vollenden.

etwas Joghurtpuder
etwas Bircher-Müsli-Mischung

Tipp

Ein wunderbares Extra zu diesem Dessert sind kleine Karotten: Diese schälen, kurz in Salzwasser blanchieren, anschließend in einer Pfanne mit wenig, ganz leicht gesüßtem Wasser mit etwas frisch geraspeltem Ingwer garen und dazu servieren.

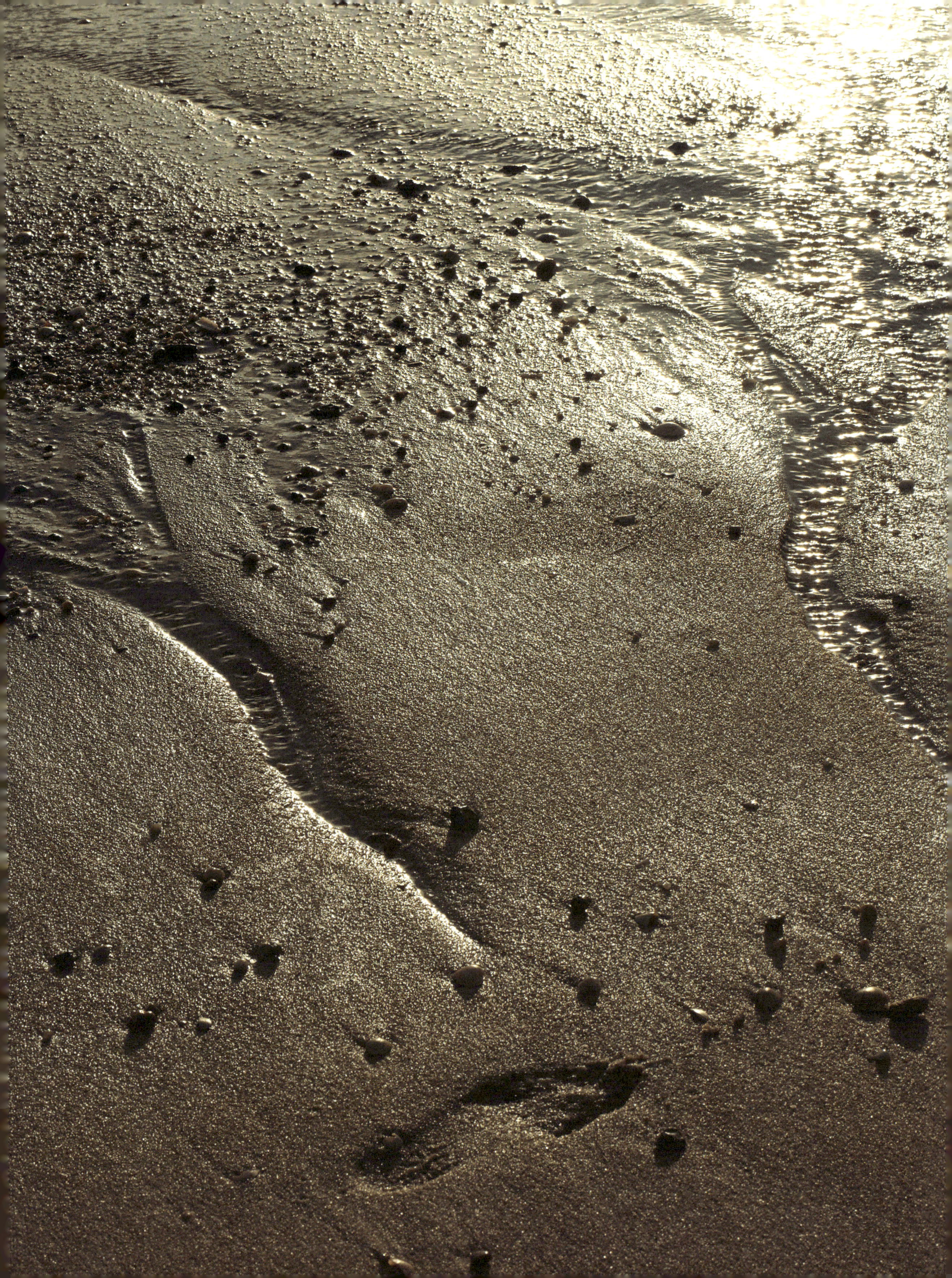

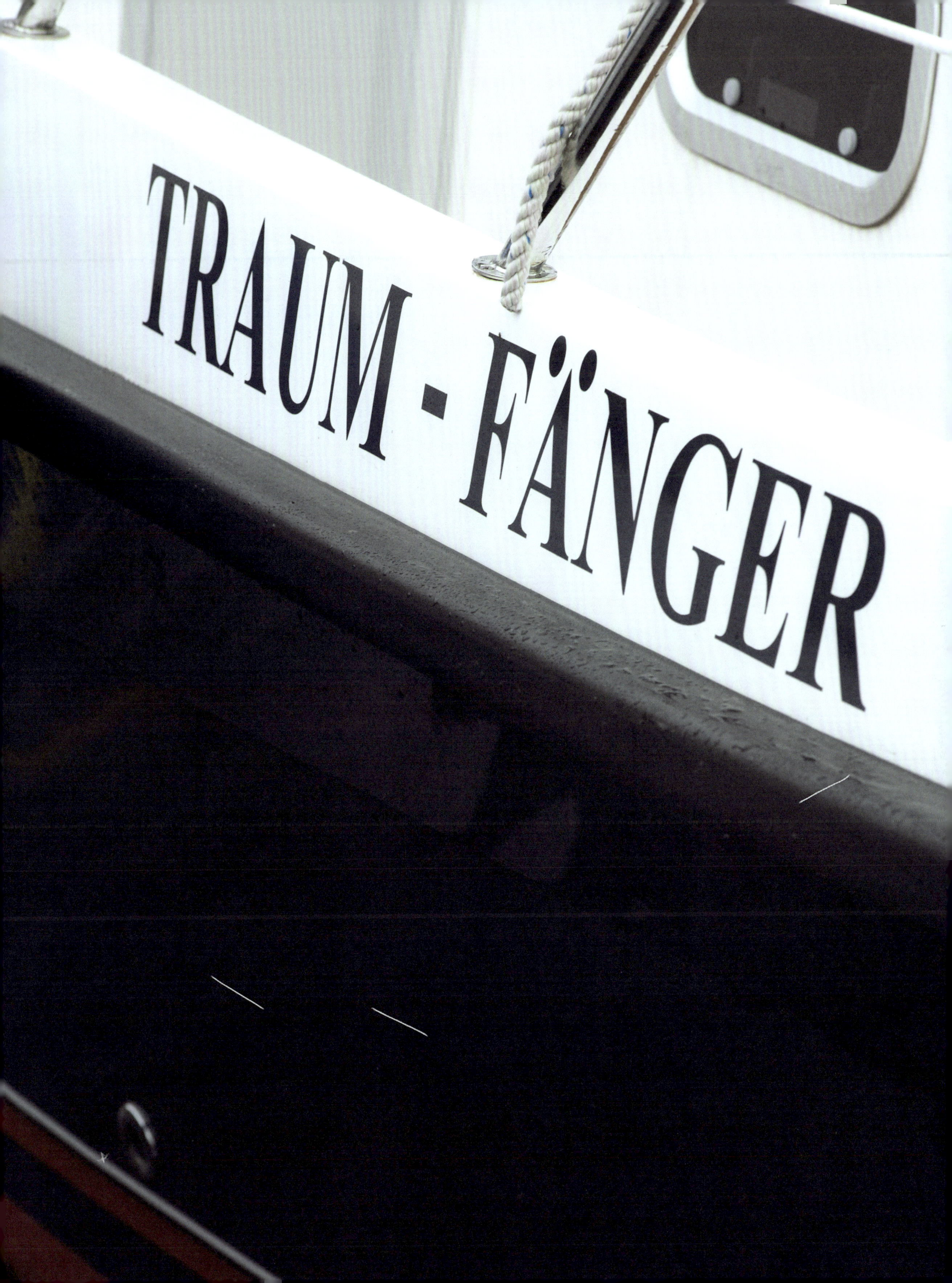
TRAUM - FÄNGER

OCEAN
OCEAN

SÖL'RING HOF
SO

MMER

BLAU- UND HERZMUSCHEL MIT EINGELEGTER GARTENGURKE, SAUERRAHM, FELCHENKAVIAR UND RAUKE

Muscheln

Die Muscheln unter fließendem kaltem Wasser kurz waschen. Geöffnete Exemplare aussortieren und wegwerfen. Die Muscheln in einen Dampfgartopf geben und bei 80 °C Dampf garen, bis sie sich geöffnet haben. Geschlossene Exemplare aussortieren und wegwerfen. Die Muscheln aus den Schalen lösen und das Muschelwasser auffangen. Zwei Drittel der Muscheln bis zum Anrichten in dem Muschelwasser aufbewahren – nicht kalt stellen. Die restlichen Muscheln im Dörrgerät trocknen oder auf ein Backblech legen und im auf 100 °C vorgeheizten Backofen (Ober-/Unterhitze) etwa 3 bis 4 Stunden trocknen. Die getrockneten Austern in der Küchenmaschine zu feinem Pulver mixen. Das Muschelpulver in ein Glas füllen, dieses verschließen und bis zum Anrichten trocken aufbewahren.

für 6 Personen:
500 g Herzmuscheln
500 g Blaumuscheln (Miesmuscheln)

Eingelegte und pürierte Gurke

Die Gurken waschen und trocknen. 1 ungeschälte Gurke in kleine Würfel schneiden. Die Gurkenwürfel mit je 1 Prise Salz, Zucker und weißem Pfeffer sowie einigen Tropfen Zitronensaft in einen Mixbecher geben und mit dem Stabmixer fein pürieren. Das Gurkenpüree in ein feines Sieb geben und abtropfen lassen. Die zweite Gurke längs halbieren oder vierteln und in 0,5 cm dicke Scheiben schneiden. Diese mit 30 g Zucker und 1 Msp. Salz marinieren und 20 Minuten Wasser ziehen lassen. Den restlichen Zucker (70 g) in einem Topf leicht karamellisieren, dann mit dem Apfelessig ablöschen und mit 150 ml Wasser auffüllen. Anschließend die Gewürze hinzufügen und zugedeckt alles 5 Minuten köcheln lassen. Die Gurkenscheiben abtropfen lassen und dann in ein Einmachglas füllen und knapp mit dem warmen Gewürzfond bedecken. Das Glas sofort verschließen. Die Gurkenscheiben 2 Stunden ziehen lassen, dann den Gewürzfond abgießen.

2 kleine Salatgurken
Salz
100 g Kristallzucker
frisch gemahlener weißer Pfeffer
¼ Zitrone
150 ml Wasser
100 ml Apfelessig
1 TL Senfsaat
2 Wacholderbeeren
2 ganze Sternanis
2 frische Lorbeerblätter
1 TL Koriandersamen
10 weiße Pfefferkörner

Schalottenringe

Die Schalotten schälen und in feine Ringe schneiden. Das Sonnenblumenöl in einem kleinen Topf erhitzen und die Schalottenringe darin anschwitzen, dann mit dem Apfelessig ablöschen. Mit Zucker, Salz und weißem Pfeffer würzen, dann den Apfelsaft hinzufügen und den Topf verschließen. Die Schalottenringe darin 4–5 Minuten weich schmoren.

2 Schalotten
20 ml Sonnenblumenöl
10 ml Apfelessig
1 kleine Prise Zucker
1 kleine Prise Salz
frisch gemahlener weißer Pfeffer
40 ml Apfelsaft

Muschelfond

Die beiseitegelegten Herz- und Blaumuscheln aus ihrem Muschelwasser nehmen und bis zum Anrichten beiseitelegen. Das Muschelwasser in einen Topf geben und auf 150 ml reduzieren. Diese Reduktion mit dem Traubenkernöl aufmixen – nicht würzen.

Muschelwasser (siehe Teilrezept »Muscheln«)
30 g Traubenkernöl

Anrichten

Jede Muschelschale mit 1 EL Gurkenpüree füllen. Darauf abwechselnd die gegarten Muscheln, die eingelegten Gurkenscheiben und einige Tupfen Sauerrahm schichten. Mit den Schalottenringen und etwas Felchenkaviar abschließen und je 2 TL Muschelfond darüberträufeln. Die Raukeblätter mit dem Muschelpulver bestreuen und je 2 Raukeblätter über jede gefüllte Muschel geben.

8 große Muschelschalen
150 g Sauerrahm
150 g Felchenkaviar
12 kleine scharfe Raukeblätter (wilde Rauke)

Tipp

Die im Bild zu sehende Muschel gehört zu den seltenen Exemplaren, die wir im letzten Sommer bekommen haben: Pro Stück wogen diese Muscheln 300 g. So etwas kann man nicht bestellen. Es war Glück, dass ich auf dem Fischmarkt im nördlichen Dänemark unterwegs war und quasi über die Muscheln gestolpert bin. Das Muschelfleisch haben wir zum Teil gegessen, zum Teil getrocknet und pulverisiert. Kleine, etwa zweijährige Blaumuscheln schmecken um Klassen besser.

BROKKOLISUPPE MIT GROSSEN NORDSEEKRABBEN

Brokkolisuppe

Die Brokkoliröschen von den Stielen schneiden. Die Stiele schälen und für das Anrichten beiseitestellen. Die feinen Blättchen ebenfalls für das Anrichten beiseitestellen. Die Butter in einem Topf zerlassen. Die Schalottenwürfel darin anschwitzen, dann die Champignons und die Brokkoliröschen dazugeben und mitschwitzen. Anschließend mit dem Noilly Prat ablöschen und mit dem Gemüsefond, der Vollmilch und der Sahne auffüllen. Die Suppe 5 Minuten köcheln lassen, sodass der Brokkoli noch etwas Biss hat. Die Suppe dann mit dem Stabmixer kräftig durchmixen und mit Meersalz, weißem Pfeffer und etwas Zitronensaft abschmecken.

für 6 Personen:
250 g Brokkoli, gewaschen
10 g Butter
1 Schalotte, geschält und gewürfelt
4 Champignons, gewaschen und gewürfelt
50 ml Noilly Prat
250 ml Gemüsefond (siehe Grundrezept, S. 323)
100 ml Vollmilch
100 ml flüssige Sahne
Meersalz
frisch gemahlener weißer Pfeffer
etwas frisch gepresster Zitronensaft

Brokkolistampf

Den Brokkoli in leicht gesalzenem Wasser weich garen, danach abschütten und abtropfen lassen. Den Brokkoli in einen Mixbecher geben und mit der Butter grob anmixen, dann mit Salz, frisch gemahlenem weißem Pfeffer und etwas Kristallzucker abschmecken. Diesen Brokkolistampf auf ein Blech streichen und im Kühlschrank abkühlen lassen.

150 g Brokkoliröschen
Salz
30 g weiche Butter
frisch gemahlener weißer Pfeffer
etwas Kristallzucker

Nordseekrabben

Den Fischfond auf 65 °C erhitzen und die Nordseekrabben darin etwa 2 Minuten pochieren. Die pochierten Nordseekrabben aus dem Fond schöpfen. Bei 18 Krabben die Schwanzschalen entfernen (den Kopf aber daran lassen) und diese Krabben für die Dekoration beiseitelegen.
Die restlichen Nordseekrabben komplett schälen und das gepulte Krabbenfleisch für die Suppeneinlage beiseitelegen. Das Traubenkernöl in einem Topf erhitzen. Die Krabbenschalen darin langsam und bei milder Hitze anschwitzen. Die Krabbenschalen etwa 1 Stunde in dem Öl ziehen lassen, danach passieren und das entstandene Krabbenöl auffangen.

200 ml Fischfond (siehe Grundrezept, S. 324)
40 Stück rohe, ungepulte große Nordseekrabben
100 ml Traubenkernöl

Anrichten

Den Brokkolistampf auf 6 vorgewärmte tiefe Teller verteilen. Das gepulte Krabbenfleisch dazwischenlegen und jeweils eine Krabbe mit Kopf auf den Brokkolistampf setzen. Die aufgemixte Brokkolisuppe angießen. Die rohen Brokkolistiele hobeln und mit den feinen Brokkoliblättchen garnieren. Zuletzt 1 EL Krabbenöl über jede Suppe geben.

Tipp

Dies ist eine sehr einfache Suppe. Aber wenn sie zu lange gekocht wird, ist die grüne Farbe weg und die Suppe schmeckt wie sie aussieht – blass, farblos und lasch.

MEERESFRÜCHTERAVIOLI MIT STRANDPORTULAK UND KAMMMUSCHELN

Ravioliteig

Das Mehl in eine Schüssel sieben und das Salz hinzufügen. Die Eier, die Milch und das Sonnenblumenöl dazugeben und alles gründlich vermengen. Den Teig auf einer leicht bemehlten Arbeitsfläche mit den Händen glatt und geschmeidig kneten. Den Teig zu einer Kugel formen, in Klarsichtfolie wickeln und 1 Stunde im Kühlschrank ruhen lassen.

für 6 Personen:
265 g doppelgriffiges Weizenmehl
1 kleine Prise Salz
2 Eier
25 ml Vollmilch
25 ml Sonnenblumenöl

Fischfarce

Das Wolfsbarschfilet in grobe Würfel schneiden und anfrieren. Die angefrorenen Würfel mit Salz, Cayennepfeffer und Zitronensaft in einen Universalzerkleinerer geben und durchmixen. Erst dann nach und nach die eiskalte Sahne hinzufügen und die Masse zu einer weichen, cremigen Farce verarbeiten. Die Fischfarce kalt stellen.

100 g küchenfertiges Wolfsbarschfilet, ohne Haut
Salz
Cayennepfeffer
frisch gepresster Zitronensaft
75 g eiskalte flüssige Sahne

Muschelfüllung

Die Muscheln unter fließendem kaltem Wasser waschen. Geöffnete Exemplare aussortieren und wegwerfen. Die Muscheln in einen Dampfgarofen geben und bei 80°C Dampf garen, bis sie sich geöffnet haben. Geschlossene Exemplare aussortieren und wegwerfen. Die Muscheln aus den Schalen lösen und den Muschelsaft auffangen. Den Muschelsaft durch ein feines Tuch gießen und für die Fischsauce beiseitestellen. Die ausgelösten Muscheln abkühlen lassen. Dann ein Drittel der Muscheln und ein Drittel der Wattschnecken zum Anrichten beiseitestellen, die restlichen Muscheln und Wattschnecken mit den Kräutern (Estragon, Kerbel) unter die Fischfarce mengen. Diese Raviolifüllung ganz dezent mit Salz und weißem Pfeffer abschmecken.

400 g Herzmuscheln
400 g kleine Blaumuscheln
75 g Wattschneckenfleisch, gegart und gepult
½ TL fein geschnittener Estragon
½ TL fein geschnittener Kerbel
Meersalz
frisch gemahlener weißer Pfeffer

Fertigstellen der Ravioli

Den Ravioliteig mit Hilfe einer Nudelmaschine und etwas griffigem Weizenmehl ganz dünn ausrollen. Den Teig in Quadrate von 7 cm Kantenlänge schneiden. Auf die Quadrate je 1 großen EL Muschelfüllung setzen. Die Teigränder mit etwas Eiweiß bestreichen. Die Teigränder diagonal zusammenfalten, sodass je ein gefülltes Teigdreieck (Raviolo) entsteht. Die Ränder fest andrücken. Reichlich leicht gesalzenes Wasser in einem großen Topf zum Kochen bringen. Die Ravioli hineingeben und im wallenden Wasser 2 Minuten fertig garen. Die garen Ravioli mit einem Schaumlöffel aus dem Wasser heben, kurz abtropfen lassen und sofort anrichten.

etwas griffiges Weizenmehl
1 Eiweiß
Salz

Fischsauce

Die Schalotten schälen und fein würfeln. Den Fenchel putzen und klein würfeln. Den Staudensellerie putzen und klein würfeln. Die Champignons putzen und klein würfeln. Die Knoblauchzehen schälen, längs halbieren und vom Keim befreien. Das Olivenöl in einem Topf erhitzen. Die Gemüsewürfel darin anschwitzen, dann mit dem Noilly Prat und dem Pernod ablöschen. Anschließend die Fischkarkassen hineingeben und mit so viel eiskaltem Wasser auffüllen (maximal 2 l), dass alles knapp bedeckt ist. Die Flüssigkeit zum Köcheln bringen. Den dabei entstehenden Schaum immer wieder von der Oberfläche schöpfen und entsorgen. Den Muschelsaft hinzufügen. Anschließend die Pfefferkörner, die Korianderkörner, das Lorbeerblatt, die Orangenschale, den Estragon, den Thymian, den Rosmarin und das Fenchelkraut sowie den Safran in den Fond geben. Den Fond etwa 20 Minuten köcheln lassen, dann durch ein Spitzsieb gießen und leicht ausdrücken. Den Fond weitere 30 Minuten leicht köchelnd reduzieren. Die Fischsauce mit dem Stabmixer anmixen. Nur mit etwas weißem Pfeffer abschmecken.

2 Schalotten
60 g Fenchel
40 g Staudensellerie
50 g Champignons
2 Knoblauchzehen
50 ml Olivenöl
50 ml Noilly Prat
50 ml Pernod
1 kg zerteilte Fischkarkassen (Steinbutt, Seezunge, Dorade, Drachenkopf etc.)
2 l eiskaltes Wasser
Muschelsaft (siehe Teilrezept »Muschelfüllung«)
20 weiße Pfefferkörner
1 EL Korianderkörner
1 frisches Lorbeerblatt
2 kleine Stücke unbehandelte Orangenschale, von der weißen Haut befreit
2 Zweige Estragon
2 Zweige Thymian
2 Zweige Rosmarin
etwas Fenchelkraut
3 kleine Safranfäden
frisch gemahlener weißer Pfeffer

Kammmuscheln

Das Sonnenblumenöl in einer Pfanne erhitzen. Die Kammmuscheln darin ganz kurz ansautieren. Mit sehr wenig Salz, weißem Pfeffer und Koriander würzen. Die zurückbehaltenen Herz- und Blaumuscheln und Wattschnecken hinzugeben, kurz durchschwenken und sofort anrichten.

30 ml Sonnenblumenöl
250 g ausgelöste Kammmuscheln (Petoncles; Minijakobsmuscheln)
vorbereitete Herz-, Blaumuscheln und Wattschneckenfleisch (siehe Teilrezept »Muschelfüllung«)
Meersalz
frisch gemahlener weißer Pfeffer
frisch gemahlener Koriander

Anrichten

Die Ravioli auf 6 vorgewärmte tiefe Teller verteilen. Die Meeresfrüchte sofort nach dem Sautieren daraufgeben. Alles mit der aufgemixten Fischsauce nappieren und mit dem Strandportulak garnieren.

etwas Strandportulak

Tipp

Strandportulak kann man nur von Mai bis November im Flutsaum der Salzwiesen ernten. Für das vorliegende Rezept können Sie statt des Strandportulaks auch Brunnenkresseblätter, wilde Rauke, Austernkraut oder Estragon verwenden. Dieses Gericht »lebt« von den meerigen, jodigen Aromen der Muscheln und des stark reduzierten Fischsuds. Die salzigen Kräuter sind dabei das »Tüpfelchen auf dem i«.

Verwenden Sie im gesamten Rezept das Salz sehr sparsam. Die stark reduzierte Fischsauce müssen Sie nicht salzen. Die Muscheln und Schnecken sind von Natur aus salzig und sollen diese Natürlichkeit auch behalten.

5.30

GEBRATENER LAMMBAUCH UND LAMMRIPPCHEN

Den Lammbauch und die Lammrippchen von allen Knorpeln befreien und in Portionsstücke schneiden, diese mit dem Sonnenblumenöl und dem Senf einreiben, dann mit Meersalz und frisch gemahlenem Pfeffer würzen. Die Lammfleischstücke mit den Schalotten, dem Knoblauch, dem Thymian und dem Rosmarin in einen Vakuumierbeutel geben und vakuumieren. Den Vakuumierbeutel in ein Wasserbad geben und das Lammfleisch darin bei konstanten 95 °C 2–3 Stunden garen. Den Vakuumierbeutel anschließend aus dem Wasser nehmen und das Fleisch darin abkühlen lassen. Das Fleisch mit den Aromaten in einen Bräter geben und im auf 160 °C vorgeheizten Backofen (Umluft) knusprig backen.

für 6 Personen:
1 kg gut durchwachsener Lammbauch
1 kg dicke Lammrippchen
50 g Sonnenblumenöl
50 g grober mittelscharfer Senf
1 große Msp. Meersalz
1 große Msp. frisch gemahlener schwarzer Pfeffer
80 g Schalotten, geschält und halbiert
1 Knoblauchzehe, geschält, halbiert und vom Keim befreit
2 Zweige Thymian
2 Zweige Rosmarin

Tipp Achten Sie darauf, dass Sie fleischige Lammrippchen verwenden. Die exakte Garzeit hängt wesentlich von der Dicke des Fleischs ab. Sie können für dieses Rezept auch Zicklein verwenden.

BROT

Kein anderes Lebensmittel hat auch nur annähernd die historische, kulturelle und soziale Bedeutung wie das Brot, das in der Esskultur aller Gesellschaften eine zentrale Rolle einnimmt. Wegen Brot wurden Kriege geführt, Revolutionen angezettelt und bis heute ist es das Sinnbild eines Grundnahrungsmittels. International gilt Deutschland als das Land mit den meisten Brotsorten, gute klimatische Anbaubedingungen haben landauf, landab regionale Brotspezialitäten aus so unterschiedlichen Getreidesorten wie Weizen, Roggen oder Dinkel entstehen lassen. Doch die einzigartige deutsche Backkultur kommt ins Wanken. Das traditionsreiche Bäckerhandwerk ist zunehmend mit einer mächtigen Backindustrie und ihren Massenprodukten konfrontiert. Mit den Dumpingpreisen der Discounter und sogenannter Backshops, die mit aufgewärmter, industriell gefertigter Billigware aus raffiniert zusammengestellten Backmischungen Frische vorgaukeln, kann das Handwerk nicht mithalten. Wer echte gebackene Qualität sucht und auf wirkliche Backfrische setzt, der sollte sich in einer handwerklich arbeitenden Bäckerei umschauen oder sein Brot selbst backen. Für mich ist ein reines, ohne Backmischungen und Zusatzstoffe, von eigenen Händen hergestelltes Brot die authentische Basis unserer Esskultur, ja die natürlichste Sache der Welt. Mit einem guten Brot beginnt der gute Geschmack. Und den darf man als Koch nicht aus den Augen verlieren.

Spitzkohlbrot

Den Spitzkohl putzen und waschen. Die feinen Blätter in Julienne schneiden. (Es werden 90 g Julienne benötigt.) Den restlichen Spitzkohl grob schneiden. Etwas Sonnenblumenöl in einer Pfanne erhitzen und den grob geschnittenen Spitzkohl darin stark anschwitzen, dann mit etwas Wasser ablöschen und den gesamten Pfanneninhalt im Entsafter entsaften. Die beim Entsaften zurückgebliebenen Reste in einem Sieb abtropfen lassen. Diesen Saft zu dem gerade Entsafteten geben. Die Spitzkohljulienne in etwas Sonnenblumenöl anschwitzen, bis leichte Röstaromen entstehen und der Spitzkohl gar ist. Die Julienne dann auf einem Blech verteilen und abkühlen lassen, dann in ein Sieb geben und fest anpressen. Den dabei austretenden Saft auffangen und zu dem restlichen Spitzkohlsaft geben. Insgesamt werden 135 ml Saft benötigt. Diesen mit der Milch auf 38 °C erwärmen. Den Zucker und die Hefe unter Rühren darin auflösen. Das Mehl in eine Schüssel sieben und in die Mitte eine Mulde drücken. Das Hefegemisch in die Mehlmulde geben. Dann mit einem Kochlöffel ca. ein Viertel des Mehles in das Milch-Hefe-Gemisch rühren. Diesen Vorteig zugedeckt an einem warmen Ort 1 Stunde gehen lassen. Die flüssige Butter, das Knoblauchöl, das Salz und das Brotgewürz in den Vorteig einarbeiten und alles zu einem kompakten Hefeteig verkneten. Abschließend die abgekühlte Spitzkohljulienne einarbeiten. Den Teig nochmals 1 Stunde zugedeckt an einem warmen Ort gehen lassen. Den Teig in eine geölte Pfanne oder runde Auflaufform füllen und zugedeckt weitere 30 Minuten gehen lassen, bis sich der Teig fast verdoppelt hat. Das Brot dann im auf 200 °C vorgeheizten Backofen (Ober-/Unterhitze) 30 Minuten backen.

400 g Spitzkohl
10 ml Sonnenblumenöl
20 ml Vollmilch
4 g Kristallzucker
9 g frische Hefe
250 g Weizenmehl, Type 405
18 g flüssige Butter
4 g Knoblauchöl
6 g Salz
1 g Brotgewürz

Sommerbeerenbrot

Das Weizen- und das Roggenmehl in eine Schüssel sieben und in die Mitte eine Mulde drücken. 100 ml Milch auf 38 °C erwärmen. Den Zucker und die Hefe darin auflösen. Das Hefegemisch in die Mehlmulde geben. Dann mit einem Kochlöffel ein Viertel des Mehles in das Milch-Hefe-Gemisch rühren. Diesen Vorteig zugedeckt an einem warmen Ort 1 Stunde gehen lassen. Anschließend den Traubensaft, das Holundermark, das Salz und das Brotgewürz in den Vorteig einarbeiten und alles zu einem kompakten Hefeteig verkneten. Abschließend die Beeren in den Teig kneten und 2 Laibe formen. Die Laibe auf ein geöltes Backblech geben und zugedeckt weitere 30 Minuten gehen lassen. Das Sommerbeerenbrot im auf 200 °C vorgeheizten Backofen (Ober-/Unterhitze) 30 Minuten backen.

200 g Weizenmehl, Type 405
50 g Roggenmehl, Type 997
160 ml Vollmilch
4 g Kristallzucker
6 g frische Hefe
25 g Traubensaft
10 g Holundermark
5 g Salz
4 g Kristallzucker
2 g Brotgewürz
25 g getrocknete Gojibeeren
15 g getrocknete Berberitzenfrüchte
25 g getrocknete schwarze Johannisbeeren

Haferbrot

Das Mehl in eine Rührschüssel sieben und in die Mitte eine Mulde drücken. Die Milch mit dem Wasser in einen Topf geben und auf 38 °C erwärmen. Die Hefe darin auflösen und alles in die Mehlmulde geben. Dann mit einem Kochlöffel ein Viertel des Mehles in das Hefegemisch rühren. Diesen Vorteig zugedeckt an einem warmen Ort 20 Minuten gehen lassen. Dann die Haferflocken, das Salz, das Brotgewürz und zuletzt die flüssige Butter mit den Knethaken einarbeiten und alles zu einem kompakten Hefeteig verkneten. Die Rührschüssel straff mit Klarsichtfolie abdecken und den Brotteig weitere 2 Stunden im Kühlschrank ruhen lassen. Einen Schamottstein auf das Backofengitter legen und rechtzeitig im Backofen bei 250 °C (Ober-/Unterhitze) vorheizen. Den Teig anschließend dünn ausrollen, auf den heißen Schamottstein legen und knusprig backen.

260 g Weizenmehl, Type 405
60 ml Vollmilch
50 ml Wasser
16 g frische Hefe
125 g Haferflocken
10 g Salz
5 g Brotgewürz
60 g flüssige Butter

Pumpernickel-cracker

Den Pumpernickel zerbröseln, mit der Milch in den Thermomix geben und 5 Minuten zu einer zähflüssigen Masse mixen. Diese 2 mm dünn auf ein mit Backpapier bedecktes Backblech streichen und im auf 80 °C vorgeheizten Backofen (Umluft) so lange backen, bis der Teig knusprig und trocken ist. Nach dem Abkühlen in Stücke brechen.

125 g Pumpernickel
150–180 ml Vollmilch (je feuchter der Pumpernickel, desto weniger Milch)

Lauchbrot

Für das Lauchöl den fein geschnittenen Lauch mit dem Traubenkernöl im Mixer fein pürieren. Das Lauchöl auf 25 °C erwärmen und fein passieren. Von dem fertigen Lauchöl 4 g für das Lauchbrot abnehmen. Die Lauchjulienne in etwas Sonnenblumenöl anschwitzen, bis leichte Röstaromen entstehen und der Lauch gar ist. Die Julienne dann auf einem Blech verteilen und abkühlen lassen, dann in ein Sieb geben und fest anpressen. Den dabei austretenden Saft auffangen und zu dem restlichen Lauchsaft geben. Insgesamt werden 135 ml Saft benötigt. Diesen mit der Milch auf 38 °C erwärmen. Den Zucker und die Hefe unter Rühren darin auflösen. Das Mehl in eine Schüssel sieben und in die Mitte eine Mulde drücken. Das Hefegemisch in die Mehlmulde geben. Dann mit einem Kochlöffel ca. ein Viertel des Mehles in das Milch-Hefe-Gemisch rühren. Diesen Vorteig zugedeckt an einem warmen Ort 1 Stunde gehen lassen. Die flüssige Butter, das Lauchöl, das Salz und das Brotgewürz in den Vorteig einarbeiten und alles zu einem kompakten Hefeteig verkneten. Abschließend die abgekühlte Lauchjulienne einarbeiten. Den Teig nochmals zugedeckt 1 Stunde an einem warmen Ort gehen lassen. Den Teig in eine geölte Pfanne oder runde Auflaufform füllen und zugedeckt weitere 30 Minuten an einem warmen Ort gehen lassen, bis sich der Teig fast verdoppelt hat. Das Brot dann im auf 200 °C vorgeheizten Backofen (Ober-/Unterhitze) 30 Minuten backen.

40 g Lauch für Lauchöl
40 g Traubenkernöl für Lauchöl
90 g Lauchjulienne
10 g Sonnenblumenöl
20 ml Vollmilch
135 ml Lauchsaft (aus roh entsaftetem Lauch)
4 g Kristallzucker
9 g frische Hefe
250 g Weizenmehl, Type 405
18 g flüssige Butter
6 g Salz
1 g Brotgewürz

KANINCHENRAGOUT MIT SCHWARZEN CHAMPIGNONS UND GEBACKENEN PETERSILIENBLÜTEN

Vorbereiten des Kaninchens

für 6 Personen:
1 großes Kaninchen (ca. 2,5 kg, mit Innereien)

Die Kanincheninnereien (Leber und Nieren) herausnehmen. Das Rückenfilet des Kaninchens von den Knochen lösen und von allen Sehnen befreien. Die Kaninchenkeulen vom Rumpf trennen und das Fleisch entbeinen. Die Bauchlappen des Kaninchens abtrennen. Die Schultern ablösen und das Fleisch vom Knochen lösen. Die Kaninchenknochen klein hacken und für die Sauce beiseitestellen.

Kaninchensauce

100 g Butterschmalz
gehackte Kaninchenknochen (siehe Teilrezept »Vorbereiten des Kaninchens«)
3 Schalotten, geschält und grob geschnitten
5 Champignons, geputzt und grob geschnitten
1 Knoblauchzehe, geschält und vom Keim befreit
60 g Knollensellerie, geschält und grob geschnitten
40 g Staudensellerie, geputzt und grob geschnitten
100 ml Noilly Prat
50 ml Madeira
500 ml kaltes Wasser
2 Wacholderbeeren
1 frisches Lorbeerblatt
1 Blatt Salbei
5 weiße Pfefferkörner
1 TL gelbe Senfsaat
1 TL Koriandersamen
150 ml Sahne
etwas frisch geriebene unbehandelte Zitronenschale
einige Tropfen frisch gepresster Zitronensaft
Meersalz
frisch gemahlener weißer Pfeffer

Das Butterschmalz in einem Topf erhitzen und die Kaninchenknochen darin leicht anbraten. Das Gemüse (Schalotten, Champignons, Knoblauch, Knollensellerie, Staudensellerie) hinzufügen und 20 Minuten mitrösten. Anschließend mit jeweils der Hälfte des Noilly Prats und des Madeiras ablöschen und vollständig reduzieren. Diesen Vorgang mit dem restlichen Noilly Prat und Madeira wiederholen. Danach den Topfinhalt knapp mit kaltem Wasser bedecken und die Gewürze (Wacholderbeeren, Lorbeerblatt, Salbei, Pfefferkörner, Senfsaat, Koriandersamen) hinzufügen. Alles etwa 30 Minuten köcheln lassen. Dann die Sahne hinzufügen und den Fond weitere 10 Minuten köcheln lassen. Die Sauce durch ein Sieb passieren und mit Zitronenabrieb, Zitronensaft, Meersalz und weißem Pfeffer abschmecken. Die Sauce vor dem Anrichten erhitzen und mit dem Stabmixer kräftig durchmixen.

Schwarze Champignons

500 g frische weiße Champignons, geputzt
20 g Butter
Meersalz
frisch gemahlener schwarzer Pfeffer

Die Champignons durch einen Fleischwolf drehen (oder von Hand sehr fein hacken), dann auf einem flachen Blech ausbreiten und ca. 2 Stunden an der Luft oxidieren lassen. Dabei ab und zu umrühren, bis die Champignons schwarz sind, anschließend in ein Sieb geben und alle Flüssigkeit abtropfen lassen. Die schwarzen Champignons in einer Pfanne mit zerlassener Butter anschwitzen, dann mit sehr wenig Salz und Pfeffer abschmecken.

Kaninchenbauchlappen konfieren

Kaninchenbauchlappen (siehe Teilrezept »Vorbereiten des Kaninchens«)
20 g Butter zum Anbraten der Bauchlappen
reichlich flüssige Butter zum Konfieren der Bauchlappen
1 Zweig Liebstöckel
Salz
frisch gemahlener weißer Pfeffer

Die Kaninchenbauchlappen in breite Streifen schneiden. 20 g Butter in einem Topf erhitzen und die Bauchlappenstreifen mit dem Liebstöckel darin kurz anbraten, anschließend mit Salz und weißem Pfeffer würzen. So viel flüssige Butter hinzufügen, dass die Bauchlappenstreifen gerade bedeckt sind und die Bauchlappenstreifen darin etwa 30 Minuten bei sehr milder Hitze konfieren. (Wer möchte, kann einige Kräuterzweige, zum Beispiel Petersilie, hinzufügen, um die Konfierbutter zusätzlich zu aromatisieren.) Die konfierten Bauchlappenstreifen aus der Butter nehmen, abtropfen lassen und sofort anrichten.

Gemüse	Die Blumenkohlröschen in 2 cm dicke Scheiben schneiden und in leicht mit Salz, weißem Pfeffer und Zucker abgeschmecktem Wasser blanchieren. Dann aus dem Kochwasser schöpfen, in Eiswasser abschrecken und auf Küchenpapier abtropfen lassen. Das Kochwasser aufheben. Aus dem Rettich mit einem Kugelausstecher kleine Kugeln stechen. Den Kohlrabi in dünne Scheiben schneiden und aus diesen mit einem Ringausstecher (3 cm Durchmesser) kleine Kreise stechen. Aus den Möhren kleine Zylinder schneiden. Jedes Gemüse nacheinander und separat in dem Kochwasser blanchieren, dann aus dem Kochwasser schöpfen, in Eiswasser abschrecken und auf Küchenpapier abtropfen lassen. Etwa 100 ml Kochwasser in eine Sauteuse geben, aufkochen lassen und anschließend mit der kalten Butter montieren. Das blanchierte Gemüse zugeben und unter Schwenken erhitzen und glasieren.	200 g Blumenkohlröschen, geputzt Salz frisch gemahlener weißer Pfeffer Kristallzucker 150 g Rettich, geputzt 150 g Kohlrabi, geputzt 200 g Möhren, geputzt 40 g kalte Butterwürfel
Gebackene Petersilienblüten	Die Milch, das Mehl, die flüssige Butter, den Zucker, das Salz, das Bier und das Eigelb zu einem klumpenfreien Ausbackteig verrühren. Reichlich Butterschmalz in einem Topf erhitzen. Die Petersilienblüten durch den Ausbackteig ziehen und im heißen Butterschmalz knusprig ausbacken. Die ausgebackenen Petersilienblüten mit einem Schaumlöffel aus dem Topf heben und auf Küchenpapier abtropfen lassen.	80 ml Vollmilch 35 g Weizenmehl, Type 405 10 g flüssige Butter 1 Prise Kristallzucker 1 Prise Salz 20 ml helles Bier 1 Eigelb 400 g Butterschmalz 12 Petersilienblüten
Kaninchenragout	Das Kaninchenrückenfilet, das Keulenfleisch und das Schulterfleisch in Stücke von je ca. 20 g schneiden. Die Kaninchenleber und -nieren von allen Häuten und allem Fett befreien. Die geklärte Butter in einer Pfanne erhitzen. Das Kaninchenrückenfilet, das Kaninchenkeulenfleisch, das Kaninchenschulterfleisch und die Innereien darin anbraten und immer wieder schwenken. Anschließend die Butterwürfel hinzufügen, salzen, pfeffern und das Fleisch erneut darin schwenken. Nach 1 Minute die Innereien aus dem Topf nehmen, nach weiteren 3 Minuten das restliche Fleisch.	Kaninchenrückenfilets Kaninchenkeulenfleisch Kaninchenschulterfleisch Kaninchenleber Kaninchennieren (siehe für alle fünf Zutaten Teilrezept »Vorbereiten des Kaninchens«) 20 g geklärte Butter 20 g Butterwürfel Salz frisch gemahlener weißer Pfeffer
Anrichten	Die schwarzen Champignons auf 6 tiefe Teller verteilen. Darauf etwas Kartoffelschaum sprühen. Das Gemüse ebenfalls auf die Teller verteilen. Das Kaninchenfleisch und die Innereien sowie die konfierten Bauchlappen dazusetzen. Das Fleisch mit der Kaninchensauce nappieren. Die gebackenen Petersilienblüten ganz zum Schluss obenauf geben und alles mit wenig Meersalz und frisch gemahlenem schwarzem Pfeffer bestreuen.	etwas Kartoffelschaum (siehe Rezept »Austernravioli«, S. 151)

Tipp Verwenden Sie die schwarzen Champignons sehr sparsam, da sie sehr intensiv im Geschmack sind. Diese Champignonpaste kann auch wunderbar für vegetarische Gerichte verwendet werden. Mein Lieblingsgericht ist Nudelrisotto mit schwarzen Champignons, über das ich mit dem Trüffelhobel reichlich frische Steinchampignons hobele.

GEBRATENES MAKRELENFILET AUF STAMPFKARTOFFELN MIT QUELLER, WIESENKRÄUTERSALAT UND RAPSÖLVINAIGRETTE

für 6 Personen:

Stampfkartoffeln

250 g festkochende Kartoffeln
Meersalz
frisch gemahlener weißer Pfeffer

Die Kartoffeln schälen und vierteln, dann in gerade so viel Salzwasser weich kochen, dass keine Flüssigkeit abgegossen werden muss. Die garen Kartoffeln in dem restlichen Kochwasser stampfen, sodass ein sämiger Stampf mit kleinen Stücken entsteht. Den Kartoffelstampf mit wenig Meersalz und weißem Pfeffer abschmecken.

Makrele

2 g Sonnenblumenkernöl
20 g gesalzene Butter
6 große Makrelenfilets (entgrätet, mit Haut, à ca. 120 g)
grobes Meersalz
frisch gemahlener weißer Pfeffer
etwas frisch gepresster Limettensaft

Das Sonnenblumenöl mit der Butter in einer beschichteten Pfanne erhitzen. Die Makrelenfilets darin bei mittlerer Hitze auf der Hautseite 1 Minute anbraten. Die Makrelenfilets wenden, mit dem Bratfett übergießen und sofort aus der Pfanne nehmen. Mit grobem Meersalz und frisch gemahlenem weißem Pfeffer würzen und mit etwas frisch gepresstem Limettensaft beträufeln.

Queller

200 g frisch gezupfte Queller
1 Schalotte
15 g Süßrahmbutter
frisch gemahlener weißer Pfeffer

Den Queller kurz waschen, dann in streichholzgroße Stäbchen zupfen. Die Schalotte schälen und in sehr feine Würfel schneiden. Die Butter in einer Pfanne zerlassen. Die Schalottenwürfel darin anschwitzen, anschließend den Queller 10 Sekunden darin schwenken. Mit weißem Pfeffer abschmecken.

Vinaigrette

100 ml Rapskernöl
20 ml Apfelessig
¼ Zitrone
1 Prise Kristallzucker
Meersalz
frisch gemahlener schwarzer Pfeffer
1 Prise englisches Senfpulver
50 ml Gemüsefond (siehe Grundrezept, S. 323)

Aus dem Rapsöl, dem Apfelessig, etwas frisch gepresstem Zitronensaft, dem Zucker, etwas Meersalz, etwas schwarzem Pfeffer, dem Senfpulver und dem Gemüsefond ein mildes Dressing herstellen. Dieses mit dem Stabmixer kräftig durchmixen, dann nochmals abschmecken. (Die Essigsäure sollte nicht zu dominant sein, das Rapsöl soll im Vordergrund stehen.)

Wiesenkräuter

1 Handvoll Wildkräuter (z. B.: Giersch, Löwenzahn, Sauerampfer, Taubnessel, Melisse, Schafgarbe, Schnittlauch, Wiesenkümmel, Spitzwegerich, Leimkraut, Bachkresse)

Den Wiesenkräutersalat waschen und trocken tupfen. Kurz vor dem Anrichten mit etwas Vinaigrette marinieren.

Anrichten

Die Strampfkartoffeln auf 6 Teller verteilen und darauf den Queller geben. Die glasig gebratenen Makrelenfilets darauflegen und mit der Bratbutter übergießen. Darauf den marinierten Wiesenkräutersalat drapieren und alles mit etwas Vinaigrette beträufeln.

Tipp

Bei der Vinaigrette verwende ich bewusst Essig und Öl aus der Region. Rapskernöl ist ein wunderbares, goldgelb-fließendes, gesundes Öl. Es sollte immer kalt und dunkel aufbewahrt werden und nicht zu lange gelagert werden. Makrele ist ein scheinbar einfacher Fisch, der wirklich nur absolut frisch als Delikatesse bezeichnet werden darf. Makrelenfleisch ist sehr empfindlich und reagiert auf Eiswürfel (Süßwasser) und Luft sehr schnell – eine Art Oxidation setzt ein. Nicht, dass die Makrele dann schlecht wäre, nein, sie verliert ihren Glanz und das Fleisch wird trüb. Wir angeln im Sommer sehr viele Makrelen, und es ist eine Wahnsinnsarbeit, wenn man in einen Schwarm gerät. Man angelt dann wie im Rausch.

REHRÜCKEN UND GESCHMORTE SCHULTER MIT KIRSCHEN, MANDELPÜREE UND GEBRATENEM RETTICH

Geschmorte Rehschulter

für 6 Personen:
1 ausgelöste Rehschulter (ca. 1,8 kg)
Meersalz
frisch gemahlener schwarzer Pfeffer
1 EL Sonnenblumenöl
750 ml Rehfond, abgekühlt
(siehe Grundrezept, S. 324)

Die Rehschulter in große Stücke schneiden, diese mit Meersalz und Pfeffer bestreuen. Das Sonnenblumenöl in einem Topf erhitzen und die Rehschulterstücke darin von allen Seiten scharf anbraten. Das Fleisch abkühlen lassen, dann mit dem Rehfond in einen Vakuumierbeutel geben und vakuumieren. Den Beutel in ein warmes Wasserbad geben und das Fleisch bei konstanten 63 °C etwa 16–24 Stunden garen. Das gare Fleisch aus dem Beutel nehmen. Den Garfond durch ein feines Sieb passieren und stark reduzieren. Die Rehschulterstücke in dieser Jus glasieren.

Mandelpüree

200 g blanchierte Mandelkerne
150 g Puderzucker
100 ml Wasser
100 ml Vollmilch
20 ml Amaretto

200 g Mandelkerne im auf 160 °C vorgeheizten Backofen (Ober-/Unterhitze) 5–6 Minuten rösten. Die gerösteten Mandelkerne mit dem Puderzucker in einem kräftigen Küchenmixer 8 Minuten mixen. Zu Beginn des Mixens etwas Wasser, etwas Milch und den Amaretto zugeben, sodass eine glatte Creme entsteht (ggf. nochmals Wasser und Milch zugeben). Das Mandelpüree kurz vor dem Anrichten über einem warmen Wasserbad erwärmen.

Mandelflocken

50 g blanchierte Mandelkerne
50 ml Vollmilch

Die Mandelkerne in die Milch legen, erst kurz vor dem Anrichten fein hobeln.

Malzstreusel

50 g Muscovadozucker
50 g gemahlene, blanchierte Mandelkerne
(Mandelgrieß)
30 g Weizenmehl, Type 405
12 g Kakaopulver
10 g Instant-Malzkaffeepulver
2 g Salz
40 g flüssige Butter

Den Zucker, den Mandelgrieß, das gesiebte Mehl, das Kakaopulver, das Malzkaffeepulver und das Salz hinzufügen, in eine Schüssel geben und verrühren. Die flüssige Butter darübergeben und den Teig mit den Händen zu kleinen Streuseln bröseln. Die Streusel auf einem mit Backpapier bedeckten Backblech verteilen und im auf 160 °C vorgeheizten Backofen (Ober-/Unterhitze) 8–10 Minuten goldbraun backen. Die Streusel abkühlen lassen und etwas zerkrümeln.

Gebratener schwarzer Rettich

2 längliche schwarze Winterrettiche
60 ml Mineralwasser
10 ml Chardonnay-Essig
1 Msp. Kristallzucker
1 Msp. Salz
1 Msp. frisch gemahlener weißer Pfeffer
30 g Butter

Den Rettich schälen und in 3 cm dicke Scheiben (ingesamt 18 Scheiben) schneiden. Diese mit dem Mineralwasser, dem Essig, dem Zucker, dem Salz und dem Pfeffer in einen Vakuumierbeutel geben und vakuumieren. Den Beutel in ein heißes Wasserbad oder in den Dampfgarer geben und die Rettichscheiben bei 100 °C in 20 Minuten weich garen. Die gegarten Rettichscheiben mit dem Kochfond in einen Topf geben und den Fond leicht köchelnd reduzieren, bis die Rettichscheiben karamellisieren. Die Butter hinzufügen und den Karamell damit lösen, dann sofort anrichten.

Pfefferkirschen

Die Kirschen vorsichtig entsteinen, die Stiele dabei nicht entfernen. Die Butter in einem Topf zerlassen. Die Kirschen darin anschwitzen, dann erst nach und nach mit dem Portwein, anschließend mit dem Kirschsaft und zuletzt mit dem Mostessig ablöschen. Dabei die Flüssigkeit jedes Mal vollständig reduzieren, bevor erneut abgelöscht wird. Die Kirschen zuletzt mit den eiskalten Butterwürfeln glasieren, dann mit der Melange noir bestreuen.

- 200 g Kirschen
- 10 g Butter
- 25 ml roter Portwein
- 25 ml Kirschsaft
- 20 ml dunkler Mostessig
- 10 g kalte Butterwürfel
- ½ TL Melange noir (geschrotete schwarze Pfeffermischung)

Rehrücken

Das Sonnenblumenöl mit der Butter in einer Pfanne erhitzen. Den Rehrücken mit dem Thymian und dem Rosmarin hineingeben und von allen Seiten etwa 2 Minuten leicht anbraten. Das Fleisch dabei immer wieder mit dem Bratfett übergießen. Das Fleisch aus der Pfanne nehmen, locker in Alufolie wickeln, auf ein Backgitter legen und im auf 130 °C vorgeheizten Backofen (Ober-/Unterhitze) 5 Minuten garen. Das Fleisch anschließend 10 Minuten an einem warmen Ort ruhen lassen. Das Fleisch aus der Folie nehmen und in der Pfanne nachbraten, dann mit Meersalz und frisch gemahlenem schwarzem Pfeffer würzen.

- 40 ml Sonnenblumenöl
- 30 g gesalzene Butter
- 800 g ausgelöster, von allen Sehnen befreiter Rehrücken
- 1 Zweig Thymian
- 1 Zweig Rosmarin
- 1 Msp. Meersalz
- 1 Msp. frisch gemahlener schwarzer Pfeffer

Anrichten

Je 3 Scheiben gebratenen Rettich auf 6 Teller verteilen. Je eine glasierte Pfefferkirsche daraufsetzen. Auf jeden Teller etwas geschmorte Rehschulter mit Sauce geben. Von dem Mandelpüree kleine Nocken abstechen und dazusetzen. Das Mandelpüree mit einigen gehobelten Mandeln bestreuen. Den Rehrücken in 6 Portionen schneiden, ganz vorsichtig mit den Malzstreuseln bestreuen und auf die Teller setzen.

Maria Schierz, Künstlerin und Kräuterfee

SOMMERGEMÜSE

Blanchiertes Gemüse

für 6 Personen:
- 6 weiße Lauchzwiebeln
- 6 Navetten
- 6 Radieschen
- 3 breite Bohnenstangen
- 12 Minikarotten
- 6 junge Erbsenschoten
- 1 Prise Salz
- 1 Prise Kristallzucker

Die Wurzelansätze der Lauchzwiebeln abschneiden und beiseitelegen. Das Lauchgrün abschneiden und anderweitig verwenden. Die Navetten und die Radieschen waschen, das Grün abschneiden. Die breiten Bohnenstangen waschen, putzen und in Stücke schneiden. Die Minikarotten waschen, putzen und bis auf 1 cm das Karottengrün abschneiden. Die Erbsenschoten putzen. In einem Topf wenig Wasser mit dem Salz und Zucker zum Kochen bringen. Jedes Gemüse darin separat bissfest blanchieren, dann in Eiswasser abschrecken. Das Kochwasser auf einem Eiswürfelbad abkühlen lassen, und jedes Gemüse bis zum Anrichten in etwas Gemüsekochwasser aufbewahren. Das restliche Gemüsekochwasser aufbewahren.

Kartoffeln

- 100 g Champignons
- 6 kleine festkochende Kartoffeln
- Salz
- frisch gemahlener schwarzer Pfeffer
- 10 g Butter
- 1 Schalotte

Die ungegarten Champignons durch einen Fleischwolf drehen (oder von Hand sehr fein hacken), dann auf einem flachen Blech ausbreiten und ca. 2 Stunden an der Luft oxidieren lassen. Dabei ab und zu umrühren, bis die Champignons schwarz sind. Die gewaschenen Kartoffeln in wenig Salzwasser gar kochen. Die schwarzen Champignons in ein Sieb geben und alle Flüssigkeit abtropfen lassen, dann mit Salz und Pfeffer würzen. Die Butter in einem Topf erhitzen. Die feingewürfelten Schalotten darin anschwitzen, dann die schwarzen Champignons hinzufügen und mitschwitzen. Die Pilze nochmals abschmecken und bis zur Verwendung ruhen lassen. Die garen Kartoffeln mit einem Espressolöffel leicht aushöhlen (ca. ¼) und mit der Pilzmasse füllen. Die gefüllten Kartoffeln im auf 120°C vorgeheizten Backofen (Ober-/Unterhitze) warm halten.

Selleriepüree

- 200 g Knollensellerie
- 70 g Vollmilch
- 40 ml Wasser
- grobes Meersalz
- frisch gemahlener weißer Pfeffer
- Kristallzucker
- frisch gepresster Zitronensaft

Den Sellerie schälen und in kleine Würfel schneiden. Die Milch mit dem Wasser in einen Topf geben, etwas Meersalz, weißen Pfeffer, Zucker und Zitronensaft hinzufügen und die Selleriewürfel darin bei geschlossenem Deckel weich kochen. Anschließend alles mit dem Stabmixer zu einem feinen Püree verarbeiten. Das Püree mit Meersalz, weißem Pfeffer und Zucker abschmecken.

Brokkolistampf

- 100 g Brokkoliröschen
- Salz
- 20 g Butter
- frisch gemahlener schwarzer Pfeffer
- Kristallzucker

Die Brokkoliröschen in kochendem Salzwasser bissfest blanchieren, anschließend abgießen, abtropfen lassen und in einen hohen Mixbecher geben. Die Butter hinzufügen und alles mit dem Stabmixer zu einem groben Püree verarbeiten. Das Püree mit Salz, Pfeffer und Zucker abschmecken.

Kleine Gemüsezwiebeln

- 6 kleine Gemüsezwiebeln
- 10 ml Sonnenblumenöl
- 50 ml Noilly Prat
- 10 ml Chardonnayessig
- 1 Zweig Thymian
- 1 Zweig Rosmarin
- 100 ml Apfelsaft

Die Zwiebeln schälen und längs halbieren. Das Sonnenblumenöl in einer Pfanne erhitzen. Die Zwiebeln zuerst mit der Schnittfläche nach unten kräftig darin anbraten, dann wenden und ebenfalls anbraten. Anschließend mit dem Noilly Prat und dem Essig ablöschen. Erst zum Schluss den Thymian und den Rosmarin hinzufügen und mit dem Apfelsaft auffüllen. Den Topf mit einem Deckel verschließen und die Zwiebeln darin weich schmoren, warm anrichten.

Rote Zwiebeln

Die Lauchzwiebeln putzen, die Wurzeln und das Lauchgrün abschneiden. Die Butter in einem Topf zerlassen und die Lauchzwiebeln darin anschwitzen. Anschließend mit dem Gemüsefond auffüllen, den Thymian hinzufügen und mit Meersalz, Pfeffer und Zucker würzen. Die Zwiebeln zugedeckt in dem Fond weich schmoren, dann herausnehmen und den Fond auf die gewünschte Konsistenz reduzieren. Die Zwiebeln anschließend wieder in den Topf geben und glasieren, dann anrichten.

6 rote Lauchzwiebeln
20 g Butter
50 ml Gemüsefond (siehe Grundrezept, S. 323)
1 Zweig Thymian
Meersalz
frisch gemahlener schwarzer Pfeffer
Zucker

Steinchampignons

Die Steinchampignons putzen und die Stiele abschneiden. Das Sonnenblumenöl in einer Pfanne erhitzen. Die Champignons zuerst mit der Kappe nach unten hellbraun anbraten, dann salzen und pfeffern. Die Champignons wenden und an der Lamellenseite ebenfalls anbraten. Die Steinchampignons sofort anrichten.

12 kleine Steinchampignons
1 EL Sonnenblumenöl
Salz
frisch gemahlener schwarzer Pfeffer

Tomaten

Die Kirschtomaten waschen und trocken tupfen. Eine kleine Pfanne erhitzen und das Olivenöl hineingeben. Die Kirschtomaten, den Knoblauch und die Fenchelsaat darin sautieren. Die Tomaten mit Salz und frisch gemahlenem Pfeffer würzen. Anschließend mit etwas Gemüsekochwasser ablöschen und sofort anrichten.

6 Kirschtomaten
1 EL Olivenöl
1 Knoblauchzehe, geschält und angedrückt
etwas Fenchelsaat
Salz
frisch gemahlener schwarzer Pfeffer
etwas Gemüsekochwasser
(siehe Teilrezept »Blanchiertes Gemüse«)

Vinaigrette

Das Gemüsekochwasser mit dem Apfelessig und dem Chardonnayessig vermengen. Mit Zucker, Meersalz und weißem Pfeffer würzen. Das Traubenkernöl zum Schluss langsam mit Hilfe eines Schneebesens hineinrühren.

80 g Gemüsekochwasser
(siehe Teilrezept »Blanchiertes Gemüse«)
20 ml Apfelessig
10 ml Chardonnayessig
1 Prise Kristallzucker
Meersalz
frisch gemahlener weißer Pfeffer
100 g Traubenkernöl

Anrichten

Das Selleriepüree und den Brokkolistampf lauwarm erwärmen und je 2 kleine Nocken auf 6 Teller verteilen. Das blanchierte Gemüse zimmerwarm mit der Vinaigrette marinieren und auf den Tellern anrichten. Die gefüllten Kartoffeln, die roten Lauchzwiebeln, die Gemüsezwiebeln, die Steinchampignons, die Kirschtomaten und die frittierten Lauchzwiebeln auf die Teller setzen. Alles nach Belieben mit Fleur de Sel bestreuen.

6 Lauchzwiebelwurzeln (siehe Teilrezept »Blanchiertes Gemüse«), in Butterschmalz frittiert
Fleur de Sel

Tipp

Allgemein gilt für Gemüse: Man muss seinen Geschmack möglichst natürlich hervorheben – also nicht überwürzen und möglichst schonend garen. Dieses Gericht ist nur ein Beispiel für eine kleine Gemüsevariation. Sehr oft garen wir Gemüse nur im Vakuumbeutel. Man muss nur ganz wenig Gewürze dazugeben und minimale Mengen an Flüssigkeit – das Gemüse gart also im eigenen »Saft«. Den Beutel in Eiswasser abschrecken, dadurch kommt das Gemüse nicht mit »Fremdwasser« in Berührung und behält seinen Eigengeschmack viel besser. Den Gemüsesaft, der auf diese Weise entsteht, können Sie wunderbar zum Erwärmen, Glasieren oder für eine Gemüsevinaigrette verwenden.

STEINKÖHLER MIT SODEN UND WELLHORNSCHNECKEN

Wellhornschnecken

300 g Wellhornschneckenfleisch fein hacken. 40 g Butter mit dem Traubenkernöl in einem Topf erhitzen. Das gehackte Wellhornschneckenfleisch mit dem Fenchel, dem Lauchweiß, dem Staudensellerie, den Schalotten und den Champignons darin anschwitzen. Anschließend mit dem Noilly Prat ablöschen und diesen vollständig einkochen. Erst dann mit dem Fischfond aufgießen. Den Fond vorsichtig mit dem Safran, dem Knoblauchöl, Zitronensaft, Meersalz und weißem Pfeffer würzen und 10 Minuten köcheln lassen. Dann alles mit dem Stabmixer kräftig durchmixen, bis das Schneckenfleisch und das Gemüse fast vollständig püriert sind. Den Topfinhalt dann durch ein feines Sieb geben und bei Bedarf einkochen, bis der Fond schön sämig ist. Das restliche Wellhornschneckenfleisch in feine Stücke schneiden. Die restliche Butter in einer Pfanne zerlassen. Die Wellhornschnecken darin kurz sautieren und sofort anrichten.

für 6 Personen:
- 500 g gekochtes und ausgelöstes Wellhornschneckenfleisch
- 60 g Butter
- 5 ml Traubenkernöl
- 30 g geputzter und fein geschnittener Fenchel
- 30 g geputztes und fein geschnittenes Lauchweiß
- 30 g geputzter und fein geschnittener Staudensellerie
- 40 g geschälte und fein geschnittene Schalotten
- 20 g geputzte und fein geschnittene Champignons
- 80 ml Noilly Prat
- 250 ml Fischfond (siehe Grundrezept, S. 324)
- 5 Safranfäden
- 1 TL Knoblauchöl
- frisch gepresster Zitronensaft
- Meersalz
- frisch gemahlener weißer Pfeffer

Steinköhler

Je 2 Steinköhlerfilets mit Küchengarn zu einer Rolle zusammenbinden (die Hautseite nach außen). Jede Rolle in 3 gleichmäßige Tranchen schneiden. Die Butter in einer Pfanne zerlassen. Die Fischpäckchen hineinlegen, die Pfanne mit einem Deckel verschließen und die Pfanne in den auf 120 °C vorgeheizten Backofen (Ober-/Unterhitze) schieben. Den Fisch etwa 10 Minuten garen. (Der Fisch soll innen noch schön glasig sein.) Anschließend mit Meersalz und frisch gemahlenem weißem Pfeffer würzen.

- 4 Stück küchenfertige Steinköhlerfilets (Atlantischer Pollack, à 400 g), mit Haut
- 60 g gesalzene Butter
- Meersalz
- frisch gemahlener weißer Pfeffer

Soden

Die Strandsode kurz in kochendem Wasser blanchieren, dann sofort in Eiswasser abschrecken, abgießen und abtropfen lassen. Die Butter in einer Pfanne zerlassen. Die Strandsode darin kurz anschwitzen, anschließend mit dem Zitronensaft und einem Hauch weißem Pfeffer würzen.

- 600 g Strandsode
- 40 g Butter
- 5 Tropfen frisch gepresster Zitronensaft
- frisch gemahlener weißer Pfeffer

Anrichten

Das Küchengarn von den Steinköhlerpäckchen lösen und je ein Päckchen in die Mitte von 6 vorgewärmten Tellern setzen. Die Steinköhlerröllchen mit etwas Strandsode umwickeln. Die sautierten Wellhornschnecken daraufgeben. Alles mit dem Wellhornschneckenfond nappieren.

Tipp

Dazu passen wunderbar Strandwermuth oder Strandportulak.

GEEISTE GARTENKRÄUTER

Melissengranité

Den Tee mit dem Sekt, den Melissenblättchen, dem Zucker und dem Zitronensaft in einen Standmixer geben und sehr gut durchmixen. Die Flüssigkeit durch ein Sieb passieren, in ein großes, flaches Gefäß füllen und 24 Stunden im Tiefkühlgerät gefrieren lassen. Von der Oberfläche des Granités mit einer Gabel dünne Splitter abschaben und diese erneut einfrieren. Diesen Vorgang mehrmals wiederholen, sodass schöne Granitésplitter entstehen.

für 6 Personen:
500 ml Tee aus frischer Minze, abgekühlt
100 ml trockener Sekt
1 Bund Melisse
100 g Kristallzucker
½ Zitrone

Kräuterparfait

Die Eier, die Eigelbe und den Zucker in eine Metallschüssel geben und über einem warmen Wasserbad zur Rose abziehen. Die Creme dann über einem Eiswürfelbad kalt schlagen. Die Basilikum-, Minze- und Melissenblättchen von den Stielen zupfen. Die Kräuterblättchen mit der Sahne in einen Standmixer geben und ganz fein pürieren. Die Kräutersahne anschließend cremig aufschlagen und unter das Ei-Zucker-Gemisch heben. Die Kräutercreme sofort etwa 3 cm hoch in ein tiefes Blech streichen und mindestens 12 Stunden im Tiefkühlgerät gefrieren lassen.

2 Eier
2 Eigelbe
100 g Kristallzucker
1 Bund Basilikum
1 Bund Minze
1 Bund Melisse
500 ml flüssige Sahne

Weiße Schokoladenganache

Die Sahne mit Glucose und Trimoline in einen Topf geben und aufkochen. Die Kuvertüre in Stücke hacken und über einem warmen Wasserbad schmelzen. Die heiße Sahne langsam in die flüssige Kuvertüre rühren und emulgieren. Die Gelatine 5 Minuten in kaltem Wasser einweichen, dann ausdrücken und in die Schokoladenemulsion rühren. Anschließend die kalte Sahne in die Schokoladencreme rühren. Diese Ganache in eine Rührschüssel füllen und 12 Stunden im Kühlschrank erkalten lassen. Die kalte Ganache vor dem Anrichten mit dem Handrührgerät wie Sahne aufschlagen.

115 g flüssige Sahne
13 g Glucose
13 g Trimoline (Invertzucker)
157 g weiße Kuvertüre (Ivoire von Valrhona)
1 Blatt weiße Gelatine
290 ml kalte flüssige Sahne

Gedörrte Kräuter

Das Wasser mit dem Zucker in einen Topf geben und aufkochen. Den Zuckersirup erkalten lassen. Die Kräuter in den kalten Zuckersirup tauchen, anschließend im Dörrgerät ohne Hitze 6 Stunden trocknen.

60 ml Wasser
60 g Kristallzucker
5 g Spitzwegerichspitzen
5 g Melisseblättchen
5 g Minzeblättchen
5 g Schafgarbenspitzen

Strudelteigcracker

Die Strudelteigblätter auf der Arbeitsplatte ausbreiten und eine Seite mit der flüssigen Butter bepinseln. Anschließend den Puderzucker darüberstäuben. Aus dem Strudelteig mit einem runden Ausstecher (ca. 3 cm Durchmesser) kleine Kreise stechen. Diese auf ein mit Backpapier bedecktes Backblech legen und mit einer weiteren Lage Backpapier bedecken. Dieses mit einem weiteren Backblech beschweren und die Teigkreise im auf 180 °C vorgeheizten Backofen (Umluft) 5 Minuten backen. Dabei soll der Zucker leicht karamellisieren.

2 Lagen Strudelteig
100 g flüssige Butter
50 g Puderzucker

Anrichten

In 6 tiefe Schalen je 1 EL weiße Schokoladenganache setzen. Darauf je 3 EL Kräuterparfait geben. Das Kräuterparfait mit je 3 EL Sommerbeeren bedecken. Je 2 EL Melissengranité dazugeben. Dazwischen je 4–5 Strudelteigcracker stecken. Die Schalen mit den gedörrten Kräutern garnieren und sofort servieren.

18 EL vollreife Sommerbeeren (Johannisbeeren, Erdbeeren, Himbeeren oder Stachelbeeren), verlesen und geputzt

Tipp

Für dieses Rezept eignen sich besonders gut vollreife Sommerbeeren wie Johannisbeeren, Erdbeeren, Himbeeren und Stachelbeeren. Sie können diese nach Belieben mischen. Die Beeren sollten nicht mariniert werden.

GEEISTER PORTWEIN-MELISSEN-SCHAUM MIT STACHELBEEREN UND KANDIERTEN BORRETSCHBLÜTEN

Biskuitwürfel

für 6 Personen:
120 g Eigelb
90 g Kristallzucker
½ Vanilleschote
etwas fein geriebene Zitronenschale
1 Prise Salz
120 g Eiweiß
80 g Weizenmehl, Type 405
etwas weißen Portwein zum Tränken

Die Eigelbe mit 10 g Zucker, dem ausgekratzten Vanillemark, dem Zitronenabrieb und dem Salz in der Küchenmaschine schaumig schlagen. Die Eiweiße mit dem restlichen Zucker (80 g) cremig, aber nicht zu steif schlagen. Den cremigen Eischnee und das gesiebte Mehl abwechselnd esslöffelweise unter die schaumige Eigelbmischung heben. Den Teig gleichmäßig auf ein mit Backpapier bedecktes Backblech streichen und im auf 210 °C vorgeheizten Backofen (Ober-/Unterhitze) 14 Minuten backen. Den fertigen Biskuit aus dem Ofen nehmen, mit dem Backpapier vom Blech ziehen und erkalten lassen, dann das Backpapier abziehen und den Biskuit in Würfel (4 cm Kantenlänge) schneiden. Die Biskuitwürfel in dem weißen Portwein tränken, in 6 Schalen geben und kalt stellen.

Portwein-Melissen-Schaum

180 ml weißer Portwein
1 Bund Zitronenmelisse
6 Eigelb
150 g Puderzucker
1 Blatt weiße Gelatine
250 g Crème fraîche

Von dem Portwein 100 ml abnehmen und auf 90 °C erwärmen. Die Zitronenmelisseblättchen in den heißen Portwein geben und zugedeckt 20 Minuten ziehen lassen, die Flüssigkeit dann durch ein Sieb gießen und den Zitronenmelissensud mit dem restlichen Portwein vermischen. Von dieser Flüssigkeit 150 ml abnehmen und im Kühlschrank erkalten lassen. Die Eigelbe mit dem Puderzucker in eine Metallschüssel geben und kräftig aufschlagen. Das Gemisch dann über dem warmen Wasserbad zur Rose abziehen. Die Gelatine 5 Minuten in kaltem Wasser einweichen, dann ausdrücken und in das Eigelb-Puderzucker-Gemisch rühren. Diese Creme auf einem Eiswürfelbad kalt schlagen. Sobald die Creme zu gelieren beginnt, unter ständigem Rühren den Melissenportwein hineinfließen lassen. Die Crème fraîche aufschlagen und unter die Portweincreme heben. Die so entstandene schaumige Creme auf die gekühlten Biskuitwürfel geben und die Schalen mindestens 12 Stunden in das Tiefkühlgerät stellen.

Gedörrte Borretschblüten

20 g Wasser
30 g Kristallzucker
5 g Ascorbinsäure
eine Handvoll frisch gezupfte Borretschblüten

Das Wasser mit dem Zucker in einen Topf geben und aufkochen. Die Ascorbinsäure hinzufügen und den Sirup abkühlen lassen. Die Borretschblüten durch den Läuterzucker ziehen, kurz abtropfen lassen und anschließend im Dörrgerät bei milder Hitze 3 Stunden trocknen.

Stachelbeerkompott

400 g vollreife Stachelbeeren
30 g brauner Rohrzucker
1 cl Gin
5 Tropfen frisch gepresster Zitronensaft

Die Stachelbeeren verlesen und putzen, dann in einen großen, flachen Topf geben (damit möglichst viel Feuchtigkeit verdunstet) und mit dem Zucker bestreuen. Den Gin und den Zitronensaft hinzufügen, alles zum Köcheln bringen und 3 Minuten köcheln lassen. Die Stachelbeeren bei Zimmertemperatur abkühlen lassen, dann sofort anrichten.

Anrichten

Das Stachelbeerkompott auf den geeisten Melissen-Portwein-Schaum geben und mit den getrockneten Borretschblüten garnieren.

WEISSE SCHOKOLADE MIT WEISSEN HIMBEEREN UND MANDELSTREUSELN

Schokoladenganache

für 6 Personen:
- 1 Blatt weiße Gelatine
- 405 g flüssige Sahne
- 13 g Glucosepulver
- 13 g Trimoline (Invertzucker)
- 157 g weiße Kuvertüre (Ivoire von Valrhona)

Die Gelatine 5 Minuten in kaltem Wasser einweichen. 115 ml Sahne mit dem Glucosepulver und der Trimoline aufkochen, dann den Topf vom Herd nehmen. Die weiße Kuvertüre in Stücke hacken und über einem warmen Wasserbad schmelzen. Die heiße Sahne langsam in die flüssige Kuvertüre rühren und weiterrühren bis die Masse emulgiert. Die eingeweichte Gelatine ausdrücken und in der heißen Schokoladenemulsion auflösen. Die restliche Sahne (290 ml) in die Schokoladenemulsion geben und kurz durchmixen. Die Schokoladenganache mindestens 12 Stunden im Kühlschrank ruhen lassen. Vor dem Gebrauch wie Sahne aufschlagen und in einen Spritzbeutel füllen.

Schokoladencreme

- 50 g Eigelb
- 175 g flüssige Sahne
- 75 g Vollmilch
- 270 g weiße Kuvertüre (Ivoire von Valrhona)

Das Eigelb in einer Schüssel mit einem Schneebesen kurz verrühren. Die Sahne mit der Milch in einen Topf geben und aufkochen. Die weiße Kuvertüre in Stücke hacken und über einem warmen Wasserbad schmelzen. Die heiße Sahnemilch vorsichtig auf das Eigelb gießen und sofort verrühren. Das Gemisch in einem Topf auf 82 °C erhitzen und dabei ständig mit einem Schneebesen vom Boden lösen, dann den Topf vom Herd nehmen. Die heiße Creme in die flüssige Kuvertüre rühren und so lange weiterrühren, bis die Masse emulgiert. Die Creme vorsichtig mit dem Stabmixer durchmixen. (Dabei sollte keine Luft in die Creme geschlagen werden.) Die Schokoladencreme mindestens 12 Stunden im Kühlschrank ruhen lassen.

Mandelstreusel

- 100 g blanchierte, gemahlene Mandelkerne (Mandelgrieß)
- 100 g brauner Rohrzucker
- 60 g Weizenmehl, Type 405
- 6 g Salz
- 80 ml flüssige Butter

Den Mandelgrieß mit dem braunen Zucker, dem gesiebten Mehl und dem Salz in einer Schüssel vermengen. Die flüssige Butter hinzufügen und den Teig mit den Händen zu kleinen Streuseln bröseln. Die Streusel auf einem mit Backpapier bedeckten Backblech verteilen und im auf 160 °C vorgeheizten Backofen (Ober-/Unterhitze) 8 Minuten goldgelb backen.

Anrichten

- 24–36 weiße Himbeeren, mit Blütenboden

Die Mandelstreusel auf 6 Teller verteilen. Von der Schokoladencreme kleine Nocken abstechen und je 3 pro Teller auf die Streusel geben. An je 2 Stellen etwas Schokoladenganache dekorativ auf die Teller spritzen. Von den Himbeeren den Blütenboden abzupfen. Die Blütenböden etwas kürzen. Die Himbeeren mit etwas Schokoladenganache füllen und wieder mit den Blütenböden verschließen. Auf jeden Teller 4–6 gefüllte Himbeeren setzen.

Tipp

Garnieren Sie die Teller noch mit kleinen weißen Schokoladenfäden. Dazu temperierte weiße Schokolade in einen Spritzbeutel füllen und in dünnen Linien auf ein mit Backpapier bedecktes Backblech spritzen. Diese erstarren lassen, dann vom Papier lösen. Die Schokoladenfäden auf die Teller geben.

ZIEGENJOGHURT
MIT RAPSKERNÖL UND SYLTER ROSE

Ziegenjoghurt

Den Ziegenjoghurt mit der Milch cremig rühren.

für 6 Personen:
200 g Natur-Ziegenjoghurt
20 ml Ziegenmilch

Rapskern-Rosen-Öl

Die getrockneten Rosenblätter mit den Händen leicht zerbröseln und mit dem Rapskernöl vermengen.

5 g getrocknete Rosenblätter (»Sylter Rose« = *Rosa rugosa*)
60 ml Rapskernöl

Cracker

Die Sahne mit dem Mehl, der Stärke, den Rosenblättern und dem Salz cremig aufschlagen. Mit einem Spatel kleine Streifen auf ein mit Backpapier bedecktes Backblech streichen und im auf 170 °C vorgeheizten Backofen (Ober-/Unterhitze) etwa 8 Minuten goldgelb backen.

245 g flüssige Sahne
65 g Weizenmehl, Type 405
45 g feine Speisestärke
10 g gemahlene getrocknete Rosenblätter (»Sylter Rose« = *Rosa rugosa*)
1 Prise Salz

Ziegenmilch

Die Ziegenmilch auf 70 °C erhitzen und mit dem Stabmixer so lange aufschlagen, bis ein kompakter Schaum entsteht. Immer den obersten Schaum abtragen und dazwischen wieder aufschäumen.

300 ml Ziegenmilch

Anrichten

Den Ziegenjoghurt in 6 kleine Gläser füllen. Das Rapskern-Rosen-Öl vorsichtig auf den Joghurt gießen. Den Ziegenmilchschaum daraufgeben und mit einigen feinen Streifen Sauerampfer garnieren. 6 Rosencracker mit Rosenfruchtaufstrich bestreichen und mit getrockneten Rosenblättern bestreuen, dann auf die Gläser legen.

etwas fein geschnittener Sauerampfer
80 g sortenreiner Fruchtaufstrich »Sylter Rose« (*Rosa rugosa*)
einige getrocknete Rosenblätter

H

SÖLRING HOF
ERBST

AUSTERNRAVIOLI MIT GERÖSTETEM BLUMENKOHL UND AUSTERNPUDER

für 6 Personen:

Austernpuder

12 Sylter Royal Austern

Das Austernfleisch aus den Schalen brechen, auf ein Backblech legen und im auf 100 °C vorgeheizten Backofen (Ober-/Unterhitze) etwa 3 Stunden trocknen. Die getrockneten Austern in der Küchenmaschine zu feinem Pulver mixen. Das Austernpulver wieder auf einem Backblech verteilen, im auf 100 °C vorgeheizten Backofen (Ober-/Unterhitze) 1 weitere Stunde trocknen. Das Pulver erneut in der Küchenmaschine mixen, bis ein Puder entsteht. Diesen durch ein feines Sieb geben und in einem Glas luftdicht verschließen.

Ravioliteig

265 g Farinamehl (italienisches Weizenmehl für Pastateige)
2 Eier
26 ml Vollmilch
26 ml Traubenkernöl
Salz

Das Farinamehl mit den Eiern, der Milch, dem Traubenkernöl und etwas Salz kräftig zu einem glatten Nudelteig verkneten. Den Teig in einen Vakuumierbeutel geben, vakuumieren und 1 Tag im Kühlschrank ruhen lassen.

Fischfarce

50 g küchenfertiges Filet vom Wolfsbarsch oder Zander
Salz
Cayennepfeffer
frisch gepresster Zitronensaft
75 ml eiskalte flüssige Sahne

Das Fischfilet in feine Würfel schneiden und anfrieren. Die angefrorenen Würfel mit etwas Salz, Cayennepfeffer und Zitronensaft in einen Universalzerkleinerer geben und durchmixen. Erst dann nach und nach die eiskalte Sahne hinzufügen und die Masse zu einer weichen, cremigen Farce verarbeiten. Diese in einen Spritzbeutel füllen.

Fertigstellen der Ravioli

12 Sylter Royal Austern
etwas Weizenmehl zum Ausrollen des Nudelteiges
1 Eiweiß
Salz

Die geschlossenen Austern bei 80 °C Dampf 4 Minuten pochieren. Die pochierten Austern über einem Sieb aufbrechen, dabei das Austernwasser auffangen und für die Champagner-Austern-Sauce beiseitestellen. Den Ravioliteig mit Hilfe einer Nudelmaschine zu einer langen hauchdünnen Platte ausrollen und mit etwas Eiweiß bestreichen. Im Abstand von ca. 12 cm insgesamt 6 kleine Ringe Fischfarce auf die Nudelteigplatte spritzen. (Jeder Ring soll 1 Auster im Raviolo fixieren, den Durchmesser der Ringe nach der Größe der Austern bemessen.) 6 pochierte Austern trocken tupfen und in die Fischfarceringe setzen, die restlichen Austern für das Anrichten beiseitestellen. Dann mit der restlichen Nudelteigplatte belegen und die Zwischenräume fest andrücken. Mit einem Ausstecher 6 Ravioli ausstechen. Reichlich Salzwasser in einem großen Topf zum Kochen bringen. Die Austernravioli hineingeben und im wallenden Wasser 2 Minuten fertig garen. Die garen Ravioli mit einem Schaumlöffel aus dem Wasser heben, kurz auf Küchenpapier abtropfen lassen und sofort anrichten.

Blumenkohl

1 kleiner Kopf Blumenkohl
Salz
25 g Butter
Fleur de Sel
frisch gemahlener weißer Pfeffer

Die Blumenkohlröschen vom Strunk schneiden, gründlich waschen und kurz in reichlich Salzwasser blanchieren. Die blanchierten Blumenkohlröschen abgießen und gut abtropfen lassen. Die Butter in einer Pfanne aufschäumen lassen und die Blumenkohlröschen darin anbraten, bis sie leicht Farbe angenommen haben. Anschließend mit Fleur de Sel und weißem Pfeffer würzen.

Nussbutterhollandaise

Die Schalotte schälen und fein würfeln. Das Öl in einem Topf erhitzen und die Schalottenwürfel darin anschwitzen, dann mit dem Noilly Prat ablöschen. Das Lorbeerblatt, den Estragon und den Kerbel hinzufügen und die Flüssigkeit auf 4 EL reduzieren. Diese Reduktion dann durch ein feines Sieb passieren und abkühlen lassen. Die Butter in einem Topf zerlassen und goldbraun werden lassen, dann durch ein feines Sieb passieren. Die abgekühlte Schalottenreduktion mit den Eigelben in eine Metallschüssel geben und über einem warmen Wasserbad zu einer gebundenen, sämigen Creme aufschlagen. Die braune Butter tropfenweise unter kräftigem Rühren in die Eiercreme geben. Diese Nussbutterhollandaise mit Fleur de Sel, weißem Pfeffer und Zitronensaft abschmecken.

1 Schalotte
1 TL neutrales Pflanzenöl
200 ml Noilly Prat
1 frisches Lorbeerblatt
1 Zweig Estragon
1 Zweig Kerbel
125 g Butter
6 Eigelb
Fleur de Sel
frisch gemahlener weißer Pfeffer
etwas frisch gepresster Zitronensaft

Champagner-Austern-Sauce

Die Schalotten schälen und fein würfeln. Den Staudensellerie putzen und fein würfeln. Die Champignons ebenfalls putzen und fein würfeln. Die Butter in einem Topf zerlassen und die Gemüsewürfel darin glasig schwitzen, dann mit dem Noilly Prat ablöschen. Anschließend den Weißwein angießen und um die Hälfte reduzieren. Danach mit dem Fischfond und der Sahne auffüllen. Den Fond 10 Minuten köcheln lassen, dann mit dem Stabmixer fein mixen und durch ein feines Sieb streichen. Abschließend das Austernwasser und den Champagner hineinmixen.

40 g Schalotten
40 g Staudensellerie
40 g Champignons
30 g Butter
50 ml Noilly Prat
50 ml trockener Weißwein
50 ml Fischfond (siehe Grundrezept, S. 324)
150 ml flüssige Sahne
Austernwasser
(siehe Teilrezept »Fertigstellen der Ravioli«)
30 ml Champagner

Kartoffelschaum

Die Kartoffeln schälen und in möglichst wenig Salzwasser weich kochen, sodass kein Wasser abgegossen werden muss. Dann durch die Kartoffelpresse drücken. Die durchgedrückten Kartoffeln mit den weichen Butterflocken und der heißen flüssigen Sahne zu einem Püree vermengen. Anschließend die geschlagene Sahne und den Gemüsefond unter das Kartoffelpüree ziehen. Das Kartoffelpüree mit Meersalz, frisch gemahlenem weißem Pfeffer und sehr wenig (!) frisch geriebener Muskatnuss abschmecken, dann sofort in eine Espumaflasche füllen, diese mit 2 Kapseln bestücken und bis zum Anrichten in einem Wasserbad warm halten.

150 g mehligkochende Kartoffeln
Meersalz
2 EL Butterflocken
40 ml heiße flüssige Sahne
30 g geschlagene Sahne
20 ml Gemüsefond (siehe Grundrezept, S. 323)
frisch gemahlener weißer Pfeffer
frisch geriebene Muskatnuss

Anrichten

Die Nussbutterhollandaise mit dem frisch gesprühten Kartoffelschaum vermengen und großzügig auf 6 Teller verteilen. Darauf je 1 Austernraviolo und 1 ausgelöste Auster setzen. Den gebratenen Blumenkohl dazugeben und mit der Champagner-Austern-Sauce umgießen. Den Austernpuder über den Blumenkohl streuen. Garniert habe ich alles mit Strandportulak und Strandmalve – das geht aber auch wunderbar mit Estragon, Kerbel oder Brunnenkresse.

etwas Strandportulak
etwas Strandmalve

Tipp

Statt der Champagner-Austern-Sauce können Sie auch eine ganz »normale« Champagnerrahmsauce zubereiten und einige frisch ausgelöste Austern mit dem Austernwasser in die Sauce einmixen. Vorsicht, die Sauce sollte danach nicht mehr kochen.

EINGELEGTES, KANDIERTES GEMÜSE MIT MEERRETTICHSCHNEE

Meerrettichschnee

Die Milch mit dem Meerrettich verrühren und auf 60 °C erwärmen. Die Meerrettichmilch mit Salz, weißem Pfeffer und Zucker abschmecken, anschließend in einen Pacojetbecher füllen, abkühlen lassen und über Nacht einfrieren. Die Meerrettichmilch dann pacossieren und erneut 2–3 Stunden gefrieren. Diesen Vorgang 2–3-mal wiederholen, bis ein schöner Meerrettichschnee entstanden ist.

für 6 Personen:
250 ml Vollmilch
55 g frisch geriebener Meerrettich
Meersalz
frisch gemahlener weißer Pfeffer
1 Msp. Kristallzucker

Rote-Bete-Püree

Die ungeschälten Roten Beten in Salzwasser weich kochen, anschließend abgießen und im Entsafter entsaften. Den Saft für die Rote-Bete-Vinaigrette beiseitestellen. Die beim Entsaften zurückgebliebenen Reste in einen Topf geben, das Agar-Agar hinzufügen, aufkochen und 2–3 Minuten kochen. Die Gelatine 5 Minuten in kaltem Wasser einweichen, dann ausdrücken und in das warme Rote-Bete-Püree rühren. Ein kleines Blech mit Backpapier bedecken und 6 große Ausstechringe daraufstellen. Das Rote-Bete-Püree sehr dezent mit Salz abschmecken, in die Ringe füllen und darin erstarren lassen.

400 g Rote Beten
Salz
3 g Agar-Agar
2 Blatt weiße Gelatine (4 g)

Rote-Bete-Vinaigrette

Den Rote-Bete-Saft mit dem Apfelsaft, dem Traubenkernöl und dem Chardonnayessig vermischen. Diese Rote-Bete-Vinaigrette mit Meersalz und weißem Pfeffer abschmecken.

50 g Rote-Bete-Saft
(siehe Teilrezept »Rote-Bete-Püree«)
10 g Apfelsaft
40 g Traubenkernöl
10 ml Chardonnayessig
Meersalz
frisch gemahlener weißer Pfeffer

Rote-Bete-Röllchen

Die Rote Bete schälen und auf einer Aufschnittmaschine in hauchdünne Scheiben schneiden. Diese kurz in wenig leicht gesalzenem und gezuckertem Wasser blanchieren, dann auf Küchenpapier trocken tupfen. Die blanchierten Rote-Bete-Scheiben zu dünnen Röllchen wickeln.

1 große Rote Bete
Salz
Kristallzucker

Das Gemüse vorbereiten

Alles Gemüse waschen, putzen und grob schneiden. Jedes Gemüse separat mit je 1 Prise Salz und Zucker und etwas Wasser in einen Vakuumierbeutel füllen und vakuumieren. Die 5 Vakuumierbeutel im Dampfgarofen bei 100 °C Dampf ca. 20 Minuten garen, bis das Gemüse gar, aber noch bissfest ist.

2 Rübchen (Teltower Rübchen, Mairübchen)
2 Kohlrabi
2 Karotten
6 Stangen Staudensellerie
1 Bund Radieschen
Salz
Kristallzucker

Kandiertes Gemüse

Das Wasser mit 50 ml Chardonnayessig und 670 g Zucker vermischen. Die Gewürze und etwas Meersalz hinzufügen und aufkochen. Den Sirup 5 Minuten ziehen lassen, dann durch ein Sieb gießen und auf 5 kleine Kasserollen verteilen. Jedes Gemüse (Rübchen, Kohlrabi, Karotten, Staudensellerie, Radieschen) aus seinem Vakuumierbeutel nehmen und in eine Kasserolle geben, dann aufkochen. Die Kasserollen vom Herd nehmen und jedes Gemüse 20 Minuten ziehen lassen. Den restlichen Zucker und den restlichen Chardonnayessig auf die Kasserollen verteilen und erneut aufkochen. Die Kasserollen vom Herd nehmen und das Gemüse anschließend 6 Stunden ziehen lassen. Kurz vor dem Anrichten aus dem Sirup nehmen und abtropfen lassen.

600 ml Wasser
150 ml Chardonnay-Essig
1 kg Kristallzucker
20 weiße Pfefferkörner
1 EL Korianderkörner
1 EL Fenchelsaat
1 EL Senfsaat
Meersalz

Anrichten

Die Kreise vom Rote-Bete-Püree aus den Ringen lösen und auf 6 Teller geben. Das kandierte Gemüse darauf verteilen. Die Rote-Bete-Röllchen dazwischensetzen. Nach Belieben mit Garten- oder Wildkräutern garnieren. Den Meerrettichschnee am besten bei Tisch auf das kandierte Gemüse streuen. Die Rote-Bete-Vinaigrette um das Rote-Bete-Püree träufeln.

Salzwiesenkräuter (z. B. Strandportulak) oder Wild- und Gartenkräuter nach Belieben

Tipp

Statt im Pacojet können Sie den Meerrettichschnee auch so zubereiten: Die Meerrettichmilch auf ein flaches Blech gießen und im Tiefkühlgerät gefrieren. Die Meerrettichmilch dann mit einer Gabel in Flocken abschaben und diese Flocken erneut einfrieren. Diesen Vorgang mehrmals wiederholen, bis ein schöner Schnee entstanden ist.

KLEINE KARTOFFELVARIATION

Pilzerde

für 6 Personen:
100 g Chanterelle-Pilze (Pfifferlinge)
100 g Totentrompeten-Pilze
1 Schalotte
30 g Butter
¼ TL Knoblauchöl
Meersalz
frisch gemahlener schwarzer Pfeffer

Die Pilze putzen und gründlich waschen, anschließend mit Küchenpapier trocken tupfen. Die Schalotte schälen und in feine Würfel schneiden. Die Butter in einer Pfanne erhitzen. Die Schalotten mit den Pilzen darin 2 Minuten anschwitzen und mit dem Knoblauchöl, Salz und Pfeffer würzen. Die Pilze in ein Sieb geben und gut abtropfen lassen, dann im Trockenautomat 2 Tage trocknen und anschließend zu feinem Puder (»Pilzerde«) mahlen.

Kartoffelcracker

100 g mehligkochende Kartoffeln
Salz
frisch gemahlener weißer Pfeffer
Schwarzkümmel

Die Kartoffeln schälen. Die Schalen in eine Schüssel mit kaltem Wasser legen und für die gebackenen Karoffelschalen beiseitestellen. Die Kartoffeln in walnussgroße Stücke schneiden und in leicht gesalzenem Wasser 10 Minuten garen. Die gegarten Kartoffeln abgießen und 100 ml Kochwasser auffangen. Dieses mit den gegarten Kartoffeln vermengen, mit Salz, weißem Pfeffer und Schwarzkümmel würzen und alles mit dem Kartoffelstampfer zu einem Püree stampfen. Das Kartoffelpüree auf ein mit Backpapier bedecktes Backblech streichen und im auf 80 °C vorgeheizten Backofen (Ober-/Unterhitze) zu einem knusprigen Cracker backen. Den fertigen Cracker aus dem Ofen nehmen und in Stücke brechen.

Champignonschaum

50 g Schalotten
500 g Champignons
30 g Butter
Salz
frisch gemahlener weißer Pfeffer
250 g flüssige Sahne
75 g gekochte mehligkochende Kartoffeln

Die Schalotten schälen und in feine Würfel schneiden. Die Champignons putzen und in Würfel schneiden. Die Butter in einem Topf erhitzen und die Schalotten darin anschwitzen. Die Champignons dazugeben, mit Salz und weißem Pfeffer würzen und alles 5 Minuten weiterschwitzen. Anschließend die Sahne hinzufügen und aufkochen. Die gekochte Kartoffel durch die Kartoffelpresse in den Topf drücken und alles mit einem Stabmixer gut durchmixen. Das Gemisch durch ein Sieb passieren, in eine Espumaflasche füllen und diese mit 2 Kapseln bestücken. Die Espumaflasche bis zum Anrichten in einem heißen Wasserbad warm halten.

Geräucherte Kartoffeln

12 kleine, festkochende Kartoffeln
etwas Traubenkernöl zum Bepinseln
Salz
2 EL frische Douglasiennadeln
150 g Buchenräuchermehl
etwas Essigpulver

Die Kartoffeln in leicht gesalzenem Wasser gar kochen, dann abgießen. 6 gegarte Kartoffeln in Backpapier wickeln und im auf 50 °C vorgeheizten Backofen (Ober-/Unterhitze) bis zum Anrichten warm stellen. Die restlichen 6 Kartoffeln mit sehr wenig Traubenkernöl bepinseln, salzen und mit den Douglasiennadeln bestreuen. Die Kartoffeln auf einen Gittereinsatz setzen. Das Räuchermehl in einem kleinen Topf anzünden und kurz aufglimmen lassen, dann in einen verschließbaren Räuchertopf geben, den Gittereinsatz mit den Kartoffeln einsetzen und sofort mit einem Deckel verschließen. Die Kartoffeln so 15 Minuten kalt räuchern. Danach die geräucherten Kartoffeln mit etwas Essigpulver würzen, dann in Backpapier einwickeln und im auf 50 °C vorgeheizten Backofen (Ober-/Unterhitze) warm stellen.

Gebackene Kartoffelschalen

Die Kartoffelschalen kurz in kochendem Salzwasser blanchieren, dann mit einem Schaumlöffel herausschöpfen und mit Küchenpapier trocken tupfen. Das Pflanzenöl in einem Topf erhitzen und die Kartoffelschalen darin langsam ausbacken. Die frittierten Schalen mit einem Schaumlöffel herausschöpfen und auf Küchenpapier abtropfen lassen.

Kartoffelschalen
(siehe Teilrezept »Kartoffelcracker«)
Salz
500 ml neutrales Pflanzenöl zum Frittieren

Anrichten

Den Kartoffelschaum auf 6 tiefe Teller spritzen und mit etwas Pilzerde bedecken. Je 1 vor dem Räuchern beiseitegestellte gegarte Kartoffel hineinsetzen, diese wiederum mit etwas Pilzerde bedecken. Je 1 geräucherte Kartoffel hineinsetzen. Mit einigen Kartoffelcrackern und gebackenen Kartoffelschalen garnieren.

NORDSEEKALMAR – GEBACKEN, GEBRATEN, GETROCKNET

Vorbereiten der Kalmare

Die Kalmare putzen, quer durchschneiden (sodass Tuben und Tentakel voneinander getrennt sind), von dem Gladius und Innereien befreien. Die Tuben häuten und unter fließendem kalten Wasser gründlich auswaschen, dann abtropfen lassen und kalt stellen. Die Tentakel längs halbieren, von allen Kauwerkzeugen und Knorpeln befreien, waschen und gut abtropfen lassen und kalt stellen. Die Tintenbeutel für das Teilrezept »Tinte« beiseitestellen.

für 6 Personen:
6 frische Norseekalmare (à 500 g)

Kalmarchips

Die Kalmartuben längs aufschneiden, übereinanderlegen und in Klarsichtfolie zu einer straffen Rolle wickeln und diese im Tiefkühlfach durchfrieren. Die gefrorenen Kalmartuben aus der Folie nehmen und mit einer scharfen Reibe auf ein mit Backpapier bedecktes Backblech raspeln. (Die Raspeln sollen sehr dicht liegen, damit beim Backen ganze Platten daraus werden. Die Kalmarraspeln ganz kurz im Dampfgarofen bei 100°C Dampf dämpfen. Die Kalmarraspeln dann im auf 80°C vorgeheizten Backofen (Ober-/Unterhitze) 6 Stunden trocknen. Die getrockneten Platten in Stücke brechen. Vor dem Anrichten das Erdnussöl in einem Topf auf 220°C erhitzen. Die getrockneten Kalmarstücke darin einzeln je 1 Sekunde frittieren (sie puffen dabei auf), dann sofort mit einem Schaumlöffel herausnehmen, auf Küchenpapier abtropfen lassen und leicht salzen.

3 gesäuberte Kalmartuben
(siehe Teilrezept »Vorbereiten der Kalmare«)
500 ml Erdnussöl
Salz

Tinte

Die Tintenfischtinte im Verhältnis 3 zu 1 mit Sonnenblumenöl in einen Mixbecher geben. Das Gemisch mit dem Stabmixer aufmixen. Mit Salz, Pfeffer und Zitronensaft abschmecken.

Tintenfischtinte aus 6 Kalmaren
(siehe Teilrezept »Vorbereiten der Kalmare«)
etwas Sonnenblumenöl
Salz
frisch gemahlener schwarzer Pfeffer
frisch gepresster Zitronensaft

Salzwiesenkräuterpüree

Den Queller und den Strandportulak kurz in kochendem Wasser blanchieren, anschließend sofort in Eiswasser abschrecken. Das Sonnenblumenöl in einem Topf erhitzen. Die Strandsoden darin kurz frittieren, dann sofort mit einem Schaumlöffel herausnehmen und auf Küchenpapier abtropfen lassen. Die frittierten Strandsoden, den abgetropften blanchierten Queller, Strandportulak und Sauerampfer in einen Mixer geben. Die Kartoffeln durchpressen und zugeben. Etwas frisch gepressten Zitronensaft sowie etwas Salz und Pfeffer zugeben und zu einem feinen Püree verarbeiten. Das Salzwiesenkräuterpüree bei Bedarf durch ein feines Sieb streichen.

100 g Queller
70 g Strandportulak
30 g Sauerampfer
100 ml Sonnenblumenöl
50 g Strandsoden
50 g frisch gegarte mehligkochende Kartoffeln, ausgedämpft
¼ Zitrone
Meersalz
frisch gemahlener weißer Pfeffer

Gebackener Kalmar

Die Kalmartentakel leicht salzen, anschließend zunächst durch das verquirlte Eiweiß, dann durch das Pankomehl ziehen. Das Erdnussöl in einem Topf auf 180 °C erhitzen. Die panierten Kalmartentakel darin knusprig ausbacken, dann sofort mit einem Schaumlöffel herausnehmen und auf Küchenpapier abtropfen lassen.

⅔ der gesäuberten Kalmartentakel (siehe Teilrezept »Vorbereiten der Kalmare«)
Salz
1 Eiweiß
100 g Panko (japanisches Paniermehl aus der Brotkrume)
500 ml Erdnussöl

Sautierter Kalmar

Die Butter in einer Pfanne erhitzen. Die Kalmartuben in Stücke schneiden und mit den Kalmartentakeln und dem Thymian in die Pfanne geben und kurz darin sautieren, dann mit Meersalz, weißem Pfeffer und Limettensaft würzen. Den sautierten Kalmar sofort mit der Bratbutter anrichten.

50 g Butter
3 gesäuberte Kalmartuben (siehe Teilrezept »Vorbereiten der Kalmare«)
⅓ der gesäuberten Kalmartentakel (siehe Teilrezept »Vorbereiten der Kalmare«)
1 Zweig Thymian
Meersalz
frisch gemahlener weißer Pfeffer
½ TL frisch gepresster Limettensaft

Anrichten

Auf 6 Tellern je 2 bis 3 lange Streifen Salzwiesenkräuterpüree ziehen. Die Tinte ebenfalls in langen Streifen auf die Teller ziehen. Den sautierten und den gebackenen Kalmar sowie die Kalmarchips darauf anrichten. Alles mit der Bratbutter beträufeln.

Bratbutter (siehe Teilrezept »Sautierter Kalmar«)

DREIERLEI SCHWERTMUSCHELN

Vorbereiten der Schwertmuscheln

für 6 Personen:
18 große, lebende Schwertmuscheln (à 120 g)

Die Schwertmuscheln unter fließendem kaltem Wasser gründlich waschen, um alle Sandreste auszuwaschen. 12 Muscheln in einem Dampfgartopf bei 90 °C Dampf etwa 5–6 Minuten dämpfen. Die gedämpften Muscheln aufbrechen und den langen, weißen Muskel aus der Schale lösen, dabei den Muschelfond auffangen und durch ein feines Sieb passieren. Die ausgelösten, gedämpften Schwertmuscheln kalt stellen. Die rohen 6 Muscheln ebenfalls aufbrechen und den langen, weißen Muskel aus der Schale lösen. Das rohe Muschelfleisch kalt stellen. Die Muschelschalen beiseitestellen.

Rohe Schwertmuscheln mit Bouillabaisse-Vinaigrette

40 g Fenchel
40 g Staudensellerie
40 g Karotten
1 Schalotte
40 ml Olivenöl
40 ml Noilly Prat
60 ml sehr kräftiger Muschelfond (siehe Teilrezept »Vorbereiten der Schwertmuscheln«)
3 Fäden Safran
Meersalz
frisch gepresster Limettensaft
6 rohe, ausgelöste Schwertmuscheln (siehe Teilrezept »Vorbereiten der Schwertmuscheln«)
6 Schwertmuschelschalen

Den Fenchel, den Staudensellerie und die Karotten putzen und in sehr feine Würfel (Brunoise) schneiden. Die Schalotte schälen und ebenfalls in sehr feine Würfel (Brunoise) schneiden. Das Olivenöl in einem Topf erhitzen. Die Gemüse- und Schalottenbrunoise darin kräftig anschwitzen, dann mit dem Noilly Prat ablöschen. Den Noilly Prat vollständig einreduzieren, dann mit dem Muschelfond aufgießen und den Safran hinzufügen. Diese Bouillabaisse-Vinaigrette dezent mit Meersalz und Limettensaft abschmecken. Die 6 rohen, ausgelösten Schwertmuscheln in feine Segmente schneiden und auf 6 Schwertmuschelschalen verteilen. Die Gemüse-Bouillabaisse-Vinaigrette darübergeben.

Schwertmuscheln mit Crème fraîche und Felchenkaviar

50 g Crème fraîche
¼ unbehandelte Limette
6 gedämpfte, ausgelöste und gut gekühlte Schwertmuscheln (siehe Teilrezept »Vorbereiten der Schwertmuscheln«)
100 g Felchenkaviar)
6 Schwertmuschelschalen

Die Crème fraîche mit dem Limettenabrieb und dem Limettensaft glatt rühren. Diese Limetten-Crème-fraîche auf 6 Muschelschalen verteilen. Die gut gekühlten, gedämpften Schwertmuscheln auf die Limetten-Crème-fraîche setzen. Darauf den Felchenkaviar verteilen. (Wenn die Muscheln kalt sind, tritt ihr jodartiges Aroma in den Vordergrund.)

Sautierte Schwertmuscheln mit Fenchel

6 gedämpfte Schwertmuscheln (siehe Teilrezept »Vorbereiten der Schwertmuscheln«)
10 ml Sonnenblumenöl
¼ Fenchelknolle (mit Fenchelgrün)
etwas Rapsöl
frisch gepresster Limettensaft
Meersalz
frisch gemahlener weißer Pfeffer
6 Schwertmuschelschalen

Das Schwertmuschelfleisch in feine Segmente schneiden. Das Sonnenblumenöl in einem Topf erhitzen und die Muschelsegmente darin kurz sautieren. Die Fenchelknolle putzen und der Länge nach in sehr feine Streifen hobeln. Etwas Fenchelkraut fein schneiden und über den gehobelten Fenchel geben. Den gehobelten Fenchel mit dem Rapsöl, dem Limettensaft, Meersalz und weißem Pfeffer abschmecken und mit den sautierten Muscheln vermengen, dann auf 6 Schwertmuschelschalen verteilen.

Anrichten

Je eine gefüllte Schwertmuschelschale »Rohe Schwertmuscheln mit Bouillabaisse-Vinaigrette«, »Schwertmuscheln mit Crème fraîche und Felchenkaviar« und »Sautierte Schwertmuscheln mit Fenchel« auf 6 Teller setzen.

FEINES VOM ANGLER SATTELSCHWEIN MIT BIRNE UND WIRSING

Schweinebauch

für 6 Personen:
- 1 kg Bauch vom Angler Sattelschwein (schön durchwachsen, mit Schwarte, ohne Knorpel)
- 2 EL Sonnenblumenöl
- 1 TL mildes Knoblauchöl
- 1 EL mittelscharfer Senf
- 1 TL grobes Meersalz
- 2 kleine Zweige Thymian
- 2 frische Lorbeerblätter
- frisch gemahlener schwarzer Pfeffer

Den Schweinebauch in eine Schüssel legen, darauf das Sonnenblumenöl, das Knoblauchöl, den Senf, das Meersalz, die Thymianzweige und grob zerteilten Lorbeerblätter geben und den Schweinebauch rundherum kräftig einreiben und mit frisch gemahlenem Pfeffer würzen. Den Schweinebauch mit dem Thymian und den Lorbeerblättern in einen Vakuumierbeutel geben und vakuumieren. Den Schweinebauch in einem Wasserbad bei konstanten 72 °C mindestens 24 Stunden garen. (Die exakte Garzeit richtet sich nach der Dicke des Fleisches. Im Zweifel mit dem Finger auf das Fleisch drücken und testen, ob das Fleisch gar ist. Dann die Temperatur um 2 °C senken und die Garzeit um 4–6 Stunden verlängern. Den gegarten Schweinebauch aus dem Wasserbad nehmen und im Beutel abkühlen lassen, dann aus dem Beutel nehmen. Dabei den entstandenen Fond auffangen und für die Bäckchen beiseitestellen. Die Schwarte ganz dünn abschneiden. Den Schweinebauch in Portionsstücke schneiden, diese mit der Speckseite nach unten in eine Pfanne legen und im auf 170 °C vorgeheizten Backofen (Ober-/Unterhitze) 10 Minuten fertig garen. Nach Belieben kann man die Oberseite mit einem scharfen Messer rautenförmig einritzen, damit diese knuspriger wird.

Schweinebäckchen

- 1 EL Sonnenblumenöl
- 6 kleine, küchenfertige Bäckchen vom Angler Sattelschwein (à ca. 60 g)
- 1 Schalotte, geschält und in Streifen geschnitten
- 1 EL Selleriewürfel
- 1 EL Staudenselleriewürfel
- 1 EL Karottenwürfel
- 100 ml trockener Rotwein
- 100 ml Madeira
- 200 ml Schweinebauchfond (siehe Teilrezept »Schweinebauch«)
- 1 frisches Lorbeerblatt
- 1 Wacholderbeere
- Salz
- frisch gemahlener schwarzer Pfeffer

Das Sonnenblumenöl in einem Topf erhitzen und die Schweinebäckchen darin von allen Seiten anbraten. Die Schalottenstreifen und die Gemüsewürfel hinzufügen und mitschwitzen. Nach und nach mit dem Rotwein und dem Madeira ablöschen. Anschließend mit dem Schweinebauchfond auffüllen und das Lorbeerblatt sowie die Wacholderbeere hinzufügen. Den Topf mit einem Deckel verschließen und in den auf 160 °C vorgeheizten Backofen (Ober-/Unterhitze) stellen. Die Schweinebäckchen darin 40–50 Minuten schmoren. Die geschmorten Schweinebäckchen aus dem Topf nehmen und in eine Pfanne geben, mit Salz und frisch gemahlenem Pfeffer würzen und durch Schwenken in etwas Schmorfond glasieren. Den restlichen Fond durch ein feines Sieb passieren, stark reduzieren und mit Salz und frisch gemahlenem Pfeffer abschmecken. Die Schweinebauchjus bis zum Anrichten beiseitestellen.

Leberwurst	Die Leberwurst in dicke Scheiben schneiden und in einer Pfanne bei milder Hitze langsam auslassen. (Vorsicht: Die Leberwurst brennt sehr leicht an.)	250 g grobe Leberwurst vom Angler Sattelschwein
Blutwurst	Die Hälfte der Blutwurst in dicke Scheiben schneiden, leicht mehlieren und in einer beschichteten Pfanne von einer Seite knusprig braten. Die restliche Blutwurst in einer weiteren Pfanne bei milder Hitze langsam auslassen. Zum Anrichten davon mit 2 Teelöffeln Nocken abstechen.	300 g Blutwurst etwas Weizenmehl, Type 405
Bratbirne	Die Kerngehäuse der Birnen mit Hilfe eines Kugelausstechers von unten her ausstechen. Die Birnen nicht schälen. Den Weißwein, den Birnensaft und die Gewürze in einen Topf geben. Diesen Gewürzsud aufkochen lassen und die Birnen zugedeckt darin nicht zu weich pochieren. Anschließend in einer Pfanne ohne Flüssigkeit von allen Seiten leicht anbraten.	6 kleine Birnen (Williams Christ) 50 ml trockener Weißwein 100 ml Birnensaft 1 frisches Lorbeerblatt 2 schwarze Pfefferkörner 1 Wacholderbeere 4 Koriandersamen
Wirsing	Den Strunk der Wirsingblätter herausschneiden. Die Wirsingblätter in sprudelnd kochendem und gut gesalzenem Wasser etwa 1 Minute blanchieren. Die blanchierten Wirsingblätter sofort aus dem Kochwasser nehmen und in Eiswasser abschrecken und mit Küchenpapier trocken tupfen. Die Wirsingblätter kurz vor dem Anrichten in etwas Kochwasser und Butter glasieren.	6 große grüne Wirsingblätter Salz 40 g Butter
Anrichten	6 Teller mit je 1 glasierten Wirsingblatt auslegen. Darauf die »feine Schweinerei« (Schweinebauch, Schweinebäckchen, Leberwurst, gebratene Blutwurst, Blutwurstnocken, Birne) verteilen. Die Schweinebauchjus erhitzen und mit Kreuzkümmel verfeinern, dann über die Wirsingblätter träufeln.	etwas gemahlener Kreuzkümmel

Tipp Der Schweinebauch und die -bäckchen können sehr gut auf Vorrat zubereitet werden. Verwenden Sie bei den Schweinebäckchen am besten die vom Jungschwein oder vom Spanferkel. Diese haben ein schönes Muskelfleisch und wenig Speck.

FASANENBRUST IN GEWÜRZMILCH

Die Fasanenbrüste mindestens 30 Minuten vor der Zubereitung aus dem Kühlschrank nehmen. Alle Gewürze, den Lorbeer, den Thymian und das Salz in die Milch geben und auf 63 °C erwärmen. Die Fasanenbrüste in die Gewürzmilch geben und 20–25 Minuten darin ziehen lassen. Die gegarten Fasanenbrüste aus der Gewürzmilch nehmen, auf Küchenpapier abtropfen lassen und in Tranchen schneiden.

für 6 Personen:
6 küchenfertige Fasanenbrüste (à 160 g)
6 Wacholderbeeren
1 EL Korianderkörner
1 EL weiße Pfefferkörner
4 Pimentkörner
1 EL gelbe Senfkörner
2 frische Lorbeerblätter
2 Zweige Thymian
1 TL Meersalz
600 ml Vollmilch

Tipp Diese Garmethode ist besonders schonend, sodass die Fasanenbrust garantiert nicht trocken wird. Sie können auf diese Weise auch Poularden- oder Perlhuhnbrust garen. Wir servieren dazu Petersilienwurzelpüree, feines säuerliches Quittenkompott und die ganz jungen Blätter vom Grünkohl.

GEBRATENER WITTLING MIT ZWEIERLEI TOPINAMBUR UND RAUCHFISCHSCHAUM

Vorbereiten der Wittlinge

für 6 Personen:
3 ganze Wittlinge (à 400 g)
Salz

Die Wittlinge filetieren, die Gräten ziehen und die Fischhaut abziehen. Die Filets bis zum Anrichten beiseitestellen. Alle Karkassen und Fischköpfe wässern und beiseitestellen. Die Fischhäute auf ein mit Backpapier bedecktes Backblech legen, leicht salzen, mit einer Lage Backpapier bedecken und beschweren. Das Blech in den auf 140°C vorgeheizten Backofen (Ober-/Unterhitze) schieben und die Fischhäute darin etwa 1 Stunde trocknen.

Rauchfischschaum

Fischkarkassen und -köpfe (siehe Teilrezept »Vorbereiten der Wittlinge«)
150 ml Wasser
60 ml Noilly Prat
5 Champignons, geputzt und fein gewürfelt
1 Schalotte, geschält und fein gewürfelt
5 weiße Pfefferkörner
5 Koriandersamen
1 frisches Lorbeerblatt
50 ml flüssige Sahne
50 g gegarte mehligkochende Kartoffeln
Salz

Die Fischkarkassen und -köpfe auf ein Blech geben und im Räucherofen räuchern. (Wenn Sie keinen Räucherofen zur Verfügung haben, verwenden Sie im Folgenden Kieler Sprotten statt der geräucherten Karkassen.) Das kalte Wasser mit dem Noilly Prat in einen Topf geben. Die Champignonwürfel, die Schalottenwürfel, die Pfefferkörner, die Koriandersamen und das Lorbeerblatt hinzufügen. Anschließend die geräucherten Fischkarkassen hineingeben. Alles langsam zum Kochen bringen und 10 Minuten köcheln lassen. Dann die Sahne zugeben und durch ein Sieb gießen. Die gekochte Kartoffel mit dem Stabmixer in den Rauchfischfond mixen. Den Rauchfischfond mit Salz abschmecken und in eine Espumaflasche füllen, diese mit 2 Kapseln bestücken und bis zum Anrichten in ein warmes Wasserbad stellen.

Zweierlei Topinambur

600 g Topinambur
200 g neutrales Pflanzenöl zum Frittieren
60 g Butter
2 Schalotten, geschält und fein gewürfelt
100 ml Gemüsefond (siehe Grundrezept, S. 323)
Meersalz
frisch gemahlener weißer Pfeffer
1 Msp. Kristallzucker
½ TL frisch gepresster Zitronensaft

Die Topinambur waschen. Die Schalen in langen Streifen abschälen. Das Pflanzenöl in einem Topf erhitzen und die Schalen darin knusprig ausbacken. Die frittierten Schalen mit einem Schaumlöffel herausnehmen und auf Küchenpapier abtropfen lassen, dann bis zum Anrichten im auf 60°C vorgeheizten Backofen (Umluft) trocknen lassen. Die Butter in einem Topf zerlassen. Die Schalottenwürfel darin anschwitzen. Die Topinambur in grobe Stücke schneiden und anschwitzen, anschließend mit dem Gemüsefond auffüllen. Den Topf mit einem Deckel verschließen und die Topinambur darin weich garen. Die Topinambur mit Salz, Pfeffer, Zucker und Zitronensaft abschmecken und mit einem Kartoffelstampfer grob zerstampfen.

Anrichten

30 g Butter
Salz
frisch gemahlener weißer Pfeffer
etwas frisch gepresster Zitronensaft

Die Butter in einer großen Pfanne zerlassen und die Wittlingsfilets darin beidseitig sanft braten, dann vorsichtig salzen und pfeffern. Die Filets aus der Pfanne nehmen und die Bratbutter mit etwas Zitronensaft lösen. Den Topinamburstampf auf 6 Teller verteilen. Darauf je 1 gebratenes Wittlingsfilet setzen. Die Bratbutter darüberträufeln. Die getrocknete Wittlingshaut daraufgeben. Die frittierten Topinamburschalen ebenfalls daraufgeben. Abschließend etwas Rauchfischschaum in einen kleinen Topf spritzen, mit einem Esslöffel kurz verrühren und je 1–2 EL Rauchfischschaum neben den Tompinamburstampf geben und etwas auseinanderziehen.

»Hausmeister Krause« Reinhard Gottberg, Angelkönig und Kapitän

GEDÄMPFTER ROTBARSCH MIT FENCHEL

für 6 Personen:
1 ganzer Rotbarsch (2 kg)

Vorbereiten des Rotbarschs

Den Rotbarsch schuppen, filetieren und von den Gräten befreien. Aus den Mittelstücken der beiden Filets je 3 etwa 130 g schwere Tranchen schneiden. Diese 6 Tranchen beiseitelegen.

Fenchelsud

1 große Knolle Fenchel
50 ml heller Kalbsfond (siehe Grundrezept, S. 325)
¼ Zitrone
1 EL Fenchelsaat
Salz
frisch gemahlener weißer Pfeffer
100 g kalte Butterwürfel

Den Fenchel waschen, in grobe Stücke schneiden und im Entsafter entsaften. Den Fenchelsaft mit dem Kalbsfond, dem frisch gepressten Zitronensaft, der Fenchelsaat, Salz und Pfeffer in einen Topf geben und aufkochen. Die Butter mit dem Stabmixer in den Fenchelsud mixen. Den Fenchelsud anschließend durch ein Sieb passieren.

Fenchelgemüse

2 Knollen Fenchel (mit Stängel, Grün und Blütendolden)
Salz

Das Fenchelgrün und die Blütendolden von den Fenchelstängeln zupfen und bis zum Anrichten in einem feuchten Tuch aufbewahren. Die Fenchelstängel in lange Stücke schneiden und waschen, anschließend nebeneinander in eine ofenfeste Form legen. Die Fenchelknollen vierteln oder je nach Größe achteln, vom Strunk befreien und in einzelne Segmente teilen. Die Fenchelstücke 1 Minute in kochendem Salzwasser blanchieren, dann über die Fenchelstängel geben.

Karamellisierte Fenchelsaat

50 g Fenchelsaat
60 g Wasser
25 g Kristallzucker
5 g Butter

Die Fenchelsaat auf ein Backblech geben und im auf 160 °C vorgeheizten Backofen (Ober-/Unterhitze) 6 Minuten leicht rösten. Das Wasser mit dem Zucker in eine Pfanne geben und auf 115 °C erhitzen. Sofort die geröstete Fenchelsaat hineingeben. Den Zuckersirup so lange erhitzen, bis der Zucker karamellisiert und die Fenchelsamen komplett umhüllt sind. Abschließend die Butter hinzufügen und die karamellisierten Fenchelsamen auf einem Blech abkühlen lassen.

Garen des Rotbarschs

Die Rotbarschtranchen auf das Fenchelgitter und die blanchierten Fenchelstücke legen. Den Fenchelsud angießen. (Der Fisch soll nicht mit dem Sud bedeckt sein.) Die Form mit einem Deckel oder fest mit Alufolie verschließen und den Fisch im auf 160 °C vorgeheizten Backofen (Umluft) garen. (Die exakte Garzeit hängt von der Dicke der Rotbarschtranchen ab.) Nach dem Garen den Rotbarsch leicht salzen.

Anrichten

Einige Fenchelblütendolden und etwas Fenchelgrün in der Form verteilen. Die karamellisierte Fenchelsaat über den gegarten Rotbarsch geben und servieren.

Tipp

Verwenden Sie den Knollenfenchel als Gemüsebeilage. Der Fenchelbutterfond schmeckt nach dem Dämpfen herrlich dazu. Rotbarsch ist ein sehr köstlicher Fisch, der frisch geangelt in Topqualität einem Steinbutt oder Loup de mer in nichts nachsteht. Es ist unglaublich schade, wie ein so köstlicher Fisch durch Massenfang und Industrieverarbeitung zu einem Billigprodukt mit »Pressspanplattenauflage« verkommt. Der Fisch jedenfalls ist nicht schuld!

GESCHMORTE ZWIEBELN MIT KALBSHAXE UND MARK

Kalbshaxenscheiben

für 6 Personen:
40 ml Sonnenblumenöl
6 Scheiben von der Kalbshaxe (mit Markknochen und Mark, à ca. 200 g)
60 ml trockener Sherry
60 ml trockener Madeira
2 Knoblauchzehen
250 ml heller Kalbsfond (siehe Grundrezept, S. 325)
Meersalz
frisch gemahlener schwarzer Pfeffer

Das Sonnenblumenöl in einem Bräter erhitzen und die Kalbshaxenscheiben darin von allen Seiten scharf anbraten. (Es sollen kräftige Röstaromen entstehen.) Anschließend mit dem Sherry und dem Madeira ablöschen und die Flüssigkeit vollständig einreduzieren. Die Knoblauchzehen schälen, längs halbieren und den Keim entfernen, dann zu dem Fleisch geben, mit dem Kalbsfond auffüllen, salzen und pfeffern. Den Bräter verschließen und in den auf 170 °C vorgeheizten Backofen (Ober-/Unterhitze) stellen. Die Kalbshaxenscheiben darin 40 Minuten garen. Das gegarte Fleisch aus dem Bräter nehmen und in Stücke schneiden, dabei von allen Sehnen befreien. Das Mark in den Knochen belassen oder herausnehmen und in Scheibchen schneiden. Die Sauce aus dem Bräter durch ein Sieb passieren und ganz dezent mit Salz und Pfeffer abschmecken.

Zwiebeln

1 große Gemüsezwiebel
6 Minigemüsezwiebeln
12 Schalotten
24 Perlzwiebeln
40 ml Sonnenblumenöl
1 TL brauner Rohrzucker
60 ml Noilly Prat
4 frische Lorbeerblätter
3 Zweige Thymian
3 Zweige Rosmarin
Meersalz
frisch gemahlener schwarzer Pfeffer

Die Gemüsezwiebel schälen und vierteln. Die Minigemüsezwiebeln schälen und halbieren. Die Schalotten schälen und der Länge nach halbieren. Die Perlzwiebeln schälen und ganz lassen. Das Sonnenblumenöl in einer Pfanne erhitzen. Den braunen Rohrzucker darin karamellisieren, dann mit dem Noilly Prat ablöschen. Die Lorbeerblätter mit den Thymian- und Rosmarinzweigen hineingeben, dann salzen und pfeffern. Den Topf verschließen, an den Herdrand stellen oder die Hitze komplett reduzieren und die Zwiebeln 10 Minuten sanft garen lassen.

Fertigstellen

Das Fleisch und die Knochen (bzw. die Markscheiben) zu den Zwiebeln legen und alles im offenen Topf im auf 160 °C vorgeheizten Backofen (Ober-/Unterhitze) 20 Minuten fertig garen.

Tipp

Verwenden Sie eine schöne feuerfeste Form, einen Gussbräter oder eine Kupferkasserolle und stellen Sie das Kochgeschirr direkt aus dem Ofen auf den Tisch. Es ist ein wunderbares feines Zwiebelgericht mit wenig Fleisch und viel Saft. Ich esse am liebsten ein schönes Bauernbrot dazu, das ich in den Zwiebel-Fleischsaft stippe.

SAUTIERTE REHLEBER MIT HOLUNDERJUS, EBERESCHE, SCHALOTTEN UND BIRNE

Ebereschenpüree

Die Ebereschenbeeren mit dem Gelierzucker und dem Zitronensaft in einen Topf geben, aufkochen und 5 Minuten kochen lassen. Anschließend mit dem Stabmixer zu Püree verarbeiten und abkühlen lassen.

für 6 Personen:
150 g frische Ebereschenbeeren
70 g Gelierzucker (2:1)
⅛ Zitrone

Sauce

Den Wildfond mit dem Holundersaft in einem Topf auf 200 ml reduzieren, anschließend durch ein feines Sieb passieren und mit den kalten Butterflocken leicht binden. Die Sauce nicht mehr kochen. Je nach Bedarf mit Salz abschmecken.

750 ml Wildfond (siehe Grundrezept, S. 324)
300 ml Holundersaft
50 g kalte Butterflocken
Meersalz

Schalotten

Die Schalotten schälen und der Länge nach vierteln. Die Butter mit dem Sonnenblumenöl in einer Pfanne erhitzen. Die Schalottenviertel darin anbraten, dann die geschlossene Pfanne in den auf 160 °C vorgeheizten Backofen (Ober-/Unterhitze) schieben und die Schalotten in 10 Minuten fertig garen. Die Schalotten dann mit Meersalz und weißem Pfeffer würzen.

3 kleine Schalotten
10 g Butter
10 ml Sonnenblumenöl
Meersalz
frisch gemahlener weißer Pfeffer

Rehleber

Die Rehleber von allen Häutchen und Sehnen befreien, in Scheiben schneiden und diese halbieren. Die Butter in einer großen Pfanne zerlassen. Den Thymian, die Wacholderbeeren und das Lorbeerblatt hinzufügen. Die Rehleber darin anbraten und unter Schwenken sautieren, dann aus der Pfanne nehmen und an einem warmen Ort 3 Minuten ziehen lassen. Mit Meersalz und Pfeffer würzen.

1 Rehleber (ca. 900 g)
50 g Butter
1 kleiner Zweig Thymian
2 Wacholderbeeren, angedrückt
1 frisches Lorbeerblatt
Meersalz
frisch gemahlener schwarzer Pfeffer

Ebereschenbeeren

Die Ebereschenbeeren kurz in kochendem Wasser blanchieren, dann abgießen. Den Zucker mit dem Zitronensaft und dem Salz in eine heiße Pfanne geben und die Ebereschenbeeren darin kurz unter Schwenken sautieren.

100 g frische Ebereschenbeeren
50 g Kristallzucker
½ TL frisch gepresster Zitronensaft
1 kleine Prise Salz

Birnen

Die Birnen schälen, von den Kerngehäusen befreien und in haselnussgroße Stücke schneiden. Das Sonnenblumenöl in einer Pfanne erhitzen. Die Birnen darin anbraten, dann mit Salz und Pfeffer würzen.

2 kleine, feste Birnen
10 ml Sonnenblumenöl
1 Prise Salz
frisch gemahlener schwarzer Pfeffer

Anrichten

6 tiefe Teller mit dem Ebereschenpüree ausstreichen. Die Rehleber, die Birnen, die Schalotten und die Ebereschenbeeren »wild« auf den Tellern verteilen. Zum Schluss die Sauce angießen.

Tipp

Pflücken Sie die Ebereschenbeeren im Spätherbst selbst. Diese dann von allen Stielen befreien, kurz in kochendem Salzwasser blanchieren und in Eiswasser abschrecken. Die blanchierten Beeren auf einem Blech ausbreiten und einfrieren. Die gefrorenen Beeren in kleine Gefrierbeutel geben und erneut einfrieren. So haben Sie jederzeit einen kleinen Wintervorrat.

STECKRÜBENEINTOPF MIT KRAUTBROT UND RÜBEN

Steckrübeneintopf

für 6–8 Personen:
800 g Steckrüben
100 g kleine festkochende Kartoffeln
100 g Teltower Rübchen
100 g Karotten
50 g Staudensellerie
50 g Fenchelknolle
3 kleine Zwiebeln
30 g Rapskernöl
30 g Traubenkernöl
1 große Prise Kristallzucker
Salz
frisch gemahlener weißer Pfeffer
1 l Gemüsefond (siehe Grundrezept, S. 323)
3 frische Lorbeerblätter
1 Zweig Thymian
1 Zweig Rosmarin
1 TL weiße Pfefferkörner
1 TL gelbe Senfkörner
1 TL Koriandersamen
1 TL Fenchelsaat
2 Sternanis (ganz)
6 kleine runde Zwiebeln (zum Halbieren und Rösten)
10 ml Traubenkernöl zum Braten der halbierten Zwiebeln

Die Steckrüben, die Kartoffeln, die Teltower Rübchen und die Karotten schälen. Den Staudensellerie und den Fenchel waschen und putzen. Die 3 kleinen Zwiebeln schälen. Alles in Würfel von 2 cm Kantenlänge schneiden. Das Rapskern- und das Traubenkernöl in einem großen Topf erhitzen. Die Steckrübenwürfel darin mit dem Zucker anschwitzen, bis sie leicht Farbe annehmen. Dann alle restlichen Gemüsewürfel hinzufügen. Mit Salz und Pfeffer würzen, dann die Hitze reduzieren und mit der Gemüsebrühe auffüllen. Die Lorbeerblätter, den Thymian und den Rosmarin zugeben. Die Pfefferkörner, die Senfkörner, die Koriandersamen, die Fenchelsaat und den Sternanis in einen Gewürzbeutel geben, diesen mit Küchengarn zubinden und in den Eintopf geben. Den Eintopf so lange ziehen lassen, bis das Gemüse gar ist. In der Zwischenzeit die restlichen kleinen Zwiebeln schälen und halbieren. Die Zwiebelhälften mit den Schnittflächen nach unten in eine leicht geölte Pfanne legen und bei milder Hitze und geschlossenem Deckel langsam braten. Die Zwiebeln immer wieder wenden, sodass schöne Röstaromen entstehen. Die gebratenen Zwiebelhälften in den Steckrübeneintopf geben und nochmals mit Salz und Pfeffer abschmecken.

Spitzkohlbrot

1 Spitzkohlbrot (siehe Rezept S. 101)
50 ml Rapskernöl
150 g Spitzkohl

Das Spitzkohlbrot in ca. 2,5 cm große Würfel schneiden. Das Rapskernöl in einer Pfanne erhitzen und die Brotwürfel darin von allen Seiten anbraten. (Das Brot soll außen knusprig, aber innen noch weich sein.) Die Brotwürfel aus der Pfanne nehmen und kurz auf Küchenpapier abtropfen lassen. Die Spitzkohlblätter vom Strunk befreien und mit den Fingern zu kleinen Stücken zerreißen. Diese »Krautflecken« in der Pfanne, in der das Brot geröstet wurde, unter mehrmaligem Wenden anrösten.

Anrichten

Den Eintopf auf 6–8 Teller verteilen. Das geröstete Spitzkohlbrot und die Krautflecken dekorativ dazwischengeben.

APFELDESSERT

Apfelchips

für 6 Personen:
1 Apfel (Granny Smith)
50 ml Wasser
50 g Kristallzucker
½ Zitrone

Den Apfel halbieren und mit einem scharfen Messer oder auf der Aufschnittmaschine in hauchdünne Scheiben schneiden. Das Wasser mit dem Zucker und dem Zitronensaft in einen Topf geben und aufkochen. Den Topf vom Herd nehmen, die Apfelscheiben hineinlegen und 5 Minuten darin ziehen lassen. Die Apfelscheiben mit dem Sud in einen Vakuumierbeutel füllen, vakuumieren und abkühlen lassen. Die Apfelscheiben aus dem Vakuumierbeutel nehmen. Den Apfelsud für die Staudenselleriechips beiseitestellen. Die Apfelscheiben mit Küchenpapier trocknen, dann auf ein mit Backpapier bedecktes Backblech oder auf eine Silikonbackmatte legen und im auf 55 °C vorgeheizten Backofen (Umluft) 24 Stunden oder in einem Dörrgerät trocknen lassen. Die Apfelscheiben nach 12 Stunden vorsichtig wenden.

Staudenselleriechips und -blätter

1 Stange Staudensellerie mit Grün
Apfelsud (siehe Teilrezept »Apfelchips«)

Von der Staudenselleriestange mit einem Sparschäler dünne Streifen abschälen. Diese in den Apfelsud (siehe Teilrezept »Apfelchips«) tauchen, abtropfen lassen und auf ein Backpapier legen. Die Staudenselleriestreifen in einem Dörrgerät bei 55 °C einige Stunden trocknen. Das Selleriegrün ebenfalls in den Apfelsud tauchen, abtropfen lassen, auf ein Backpapier legen und im Dörrgerät einige Stunden trocknen.

Apfelparfait

400 g Äpfel (Gala), geschält und entkernt
1 Blatt weiße Gelatine
1 Ei
2 Eigelb
75 g Kristallzucker
½ Vanilleschote
2 Äpfel (Gala), geschält und in kleine Würfel geschnitten
50 ml Calvados
300 g flüssige Sahne
100 g Crème fraîche

Die geschälten Äpfel in Stücke schneiden und in einem geschlossenen Topf weich dünsten. Die weichen Äpfel mit dem Stabmixer fein pürieren, 100 g Apfelpüree abwiegen und den Rest bis zum Anrichten beiseitestellen. Die Gelatine 5 Minuten in kaltem Wasser einweichen. Das Ei, die Eigelbe, den Zucker und das ausgekratzte Vanillemark in eine Metallschüssel geben und über einem warmen Wasserbad auf 76 °C aufschlagen. Die eingeweichte Gelatine ausdrücken und in die Parfaitmasse rühren. Die Parfaitmasse in der Küchenmaschine kalt schlagen. Die Apfelwürfel mit dem Calvados in einen Topf geben und aufkochen. Den Topf vom Herd nehmen und die Apfelwürfel kurz ziehen lassen. Die Apfelwürfel herausnehmen, abkühlen lassen, mit Küchenpapier trocken tupfen und unter die abgekühlte Parfaitmasse heben. 100 g Apfelpüree ebenfalls unterziehen. Die Sahne halbsteif schlagen und vorsichtig unterheben. Die Crème fraîche cremig aufschlagen und vorsichtig unterheben. Diese Apfelparfaitmasse auf einem Blech verteilen und einfrieren.

Apfelsorbet	Die Äpfel waschen, von den Kerngehäusen befreien und in grobe Stücke schneiden. Diese mit dem Vitamin-C-Pulver in einen Mixer geben und sehr fein pürieren. Das Apfelpüree durch ein feines Sieb passieren. Den Apfelsaft mit dem Zucker und dem Glucosesirup in einen Topf geben und aufkochen, dann abkühlen lassen. Diesen Apfelfond mit dem Apfelpüree verrühren. Die gut gekühlte Masse in der Eismaschine zu cremigem Sorbet gefrieren.	500 g Äpfel (Granny Smith) 8 g Vitamin-C-Pulver 115 g Apfelsaft 90 g Kristallzucker 50 g Glucosesirup
Knollensellerie	Den Knollensellerie schälen und in walnussgroße Stücke schneiden. Diese mit dem Wasser, der Milch, dem Zucker, dem Zitronensaft und dem Salz in einen Vakuumierbeutel geben und vakuumieren. Den Beutel in ein Wasserbad geben und den Sellerie bei konstanten 95 °C 45 Minuten weich garen. Die Selleriestücke vor dem Anrichten aus dem Beutel nehmen und abtropfen lassen.	½ Knollensellerie 150 ml Mineralwasser 50 ml Vollmilch 50 g Kristallzucker ½ Zitrone 1 Prise Salz
Walnussstreusel	Das Mehl in einer Schüssel mit den gemahlenen Walnusskernen, dem Zucker und dem Salz vermengen. Die flüssige Butter hinzufügen, dann alles zusammen zu einem Streuselteig verarbeiten. Ein Backblech mit Backpapier auskleiden und darauf gleichmäßig die Streusel verteilen. Die Streusel im vorgeheizten Backofen bei 180 °C Umluft ca. 6 Minuten goldgelb backen und anschließend abkühlen lassen.	50 g Weizenmehl, Type 405 50 g gemahlene Walnusskerne 50 g Kristallzucker 1 Prise Salz 30 g flüssige Butter
Anrichten	Den Apfel und die Selleriestange in sehr kleine Würfel schneiden. Etwas Rapskernöl mit etwas Zitronensaft vermengen und die Apfel- und Selleriewürfel darin marinieren. Auf 6 Teller je 2 EL Apfelpüree geben. Das gefrorene Apfelparfait mit einem Löffel in grobe Stücke brechen und anrichten. Daneben je 1 Nocke Apfelsorbet setzen. Die marinierten Apfel- und Selleriewürfel auf das Parfait geben. Auf jeden Teller 5 Knollenselleriestücke setzen und einige Walnussstreusel setzen. Die gedörrten Apfel- und Selleriechips und das gedörrte Selleriegrün »wild« auf den Tellern verteilen. Mit etwas Rapskernöl vollenden.	12 EL Apfelpüree (siehe Teilrezept »Apfelparfait«) 1 Apfel (Boskop) 1 Stange Staudensellerie 100 ml Rapskernöl etwas frisch gepresster Zitronensaft
Tipp	Das ist ein wunderbares, überaus sensibles Dessert, dessen Zubereitung sehr viel Sorgfalt verlangt. Wenn der Knollensellerie muffig schmeckt oder zu lange gegart wird, wirkt er breit und schmeckt nach Rübe. Sie müssen zudem einen kräftigen, säurehaltigen Apfel verwenden, damit das Spiel von Süße und Säure gut zur Geltung kommt. Einzeln schmecken die Komponenten manchmal nicht süß genug, aber das ist gut so, denn im Ganzen liefert das Dessert dann ein schönes Spiel für Auge und Gaumen.	

DEUTSCHER IMKERBUND EV

HONIG

Kaum ein anderes Produkt erinnert mich so an meine Kindheit im Schwarzwald wie Honig. Und das nicht nur wegen der Stiche, die mir die Bienen regelmäßig verpassten. Schon als kleiner Junge musste ich mit ins Bienenhaus, Aufsätze oder Brutkästen festhalten und auf der Honigschleuder sitzen, damit sie beim Schleudern nicht umfiel. Das sogenannte »Abgedeckelte« haben wir Kinder wie Kaugummi gekaut, das Wachs wurde anschließend in einem alten Einmachglas gesammelt, um daraus Kerzen zu gießen. Was an frisch Abgedeckeltem übrig war, bekam ein Heilpraktiker, der damit Pollenallergiker desensibilisierte. Bei uns zu Hause gab es Blütenhonig, Sommerhonig und Waldhonig von abgezupften blühenden Tannenspitzen. Wenn es die Natur und die Bienen besonders gut mit uns meinten, konnte mein Vater sortenreine Honige vom Raps, von Sonnenblumen und Kirschblüten ernten. Purer Genuss, absolut unverfälscht und ein herrlich schmackhaftes Spiegelbild des Naturkreislaufes. Ich bin meinem Vater, der über 65 Jahre Imker und Landwirt war, sehr dankbar, dass er mir sein Wissen weitergegeben und mich damit den Respekt vor der Natur gelehrt hat. Was heute vieler Orten als Honig angeboten wird, hat leider nichts mehr mit dem Honig meiner Kindheit gemeinsam. Billige Supermarktware, verfälscht, mit Zusatzstoffen verlängert und aufgezuckert, bestimmen das ganze Jahr über weitgehend den Markt. Der natürliche Lebensraum der Bienen wird zerstört, genmanipuliertes Saatgut, Pestizide und chemischer Dünger sind für das Bienensterben verantwortlich, dessen Ausmaß und Langzeitwirkung wir noch gar nicht komplett überschauen können. Eine Tatsache ist aber, dass Bienen für die Landwirtschaft ungemein wichtig sind, bestäuben sie doch unsere Feldfrüchte, Obstbäume und Gemüsepflanzen. Sterben die Bienen, können die Pflanzen sich nicht mehr vermehren. Sterben die Pflanzen, haben die Bienen wiederum keine Nahrung. Ein Teufelskreis, der durchbrochen werden muss.

Da verzichte ich lieber ein paar Monate im Jahr auf Honig und freue mich auf den Sommerhonig: jeder Löffel ein Genuss und ein Geschenk der Natur an uns.

GEEISTER HEIDEHONIG MIT SYLTER KNICKFRÜCHTEN

Geeister Heidehonig

Die Eier in einer Metallschüssel mit den Eigelben und dem Heidehonig über einem warmen Wasserbad auf 74 °C aufschlagen. Die Gelatine einige Minuten in kaltem Wasser einweichen, dann ausdrücken und in das Honig-Ei-Gemisch rühren. Das Gemisch auf einem Eiswürfelbad kalt schlagen. Die Sahne und die Crème fraîche getrennt voneinander aufschlagen und nacheinander vorsichtig unter die kalte Honigcreme rühren. Die Honigcreme 4 cm hoch in ein mit Backpapier ausgelegtes tiefes Backblech streichen und im Tiefkühlgerät gefrieren lassen.

für 6 Personen:
2 Eier
4 Eigelb
150 g flüssiger Sylter Heidehonig
1 Blatt weiße Gelatine
300 g flüssige Sahne
300 g Crème fraîche

Knickfrüchte

Die Holunderbeeren zupfen und verlesen, mit 50 ml Apfelsaft aufkochen und so lange köcheln lassen, bis sie leicht eindicken, dann abkühlen lassen. Die Ebereschenbeeren mit kochend heißem Wasser überbrühen, mit Küchenpapier trocken tupfen und einfrieren. Die gefrorenen Ebereschenbeeren kurz vor dem Anrichten in ganz wenig Sonnenblumenöl anbraten. Die Hagebutten waschen, halbieren und entkernen. Die entkernten Hagebutten in einen Topf geben und langsam erwärmen. Ganz wenig Orangensaft hinzufügen und vorsichtig weiterköcheln, dann durch ein Sieb geben und die Hagebutten gut ausdrücken und abkühlen lassen. Die Schlehenbeeren waschen, trocken tupfen und mit etwas Portwein in einen Topf geben und langsam zum Köcheln bringen, dann nach und nach etwas Portwein nachgießen. Die Schlehenbeeren durch ein feines Sieb passieren und bei Bedarf mit etwas Apfelsaft verdünnen, dann abkühlen lassen. Die Traubenkirschen waschen, abtropfen lassen und in einen kleinen Topf geben, dann kurz ohne Fettzugabe andünsten. Die Brombeeren verlesen.

50 g Holunderbeeren
60 ml Apfelsaft
50 g Ebereschenbeeren (Vogelbeeren)
5 g Sonnenblumenöl
50 g Hagebutten
30 ml frisch gepresster Orangensaft
50 g Schlehenfrüchte
100 ml roter Portwein
50 g Traubenkirschen
50 g Brombeeren

Geröstete Kerne

Die Bucheckern in eine trockene Pfanne geben und anrösten, bis die Schalen platzen. Die Bucheckernkerne aus den Schalen lösen. Die Haselnusskerne in eine trockene Pfanne geben und langsam gleichmäßig braun rösten. Die gerösteten Haselnüsse in wenig Milch legen und 30 Minuten darin ziehen lassen. Die Haselnusskerne kurz vor dem Anrichten fein hobeln.

30 g Bucheckern
30 g Haselnusskerne
80 g Vollmilch

Anrichten Aus dem geeisten Heidehonig mit einem hohen Ausstechring (6 cm Durchmesser) 6 Parfaits ausstechen und im Ring auf die Teller stellen. Die Knickfrüchte auf den Parfaits anrichten. Jedes Parfait mit einigen Bucheckern garnieren. Die Ringe abziehen und alles mit den gehobelten Haselnüssen bestreuen. Den Heidehonig bei Bedarf leicht erwärmen und mit Hilfe einer Gabel über die Knickfrüchte träufeln.

etwas flüssiger Sylter Heidehonig

Tipp Bereiten Sie die Knickfrüchte separat ganz nach Belieben zu: Sie können sie garen, kochen, gelieren oder auch anbraten. Wichtig ist, dass die Früchte ihren Eigengeschmack bewahren. Nur so bekommt dieses Dessert sein feines herbstliches Aroma.

Info Knickfrüchte sind Früchte von Gehölzen, die auf dem »Knick« wachsen: Knicks (Wallhecken) sind von Gehölzen bewachsene breite Geländestreifen, häufig künstlich errichtete Erdwälle, zwischen Feldern und Wegen in Schleswig-Holstein und natürlich auch auf Sylt.

HAGEBUTTENSORBET MIT HEIDEHONIG UND SANDDORNSAUCE

Kandierte Vanillestangen

für 6 Personen:
- einige dickschalige Vanilleschoten
- Salz
- 600 ml Wasser
- 700 g Kristallzucker
- 2 EL Glucosepulver
- 3–4 Scheiben frischer Ingwer, geschält

Die Vanilleschoten der Länge nach halbieren und das Mark herauskratzen. (Das Mark wird nicht mehr benötigt und kann anderweitig verwendet werden.) Die ausgekratzten Vanilleschoten 3 Minuten in wenig gesalzenem Wasser leicht köcheln lassen, dann abschrecken und kurz unter fließendem Wasser abspülen. 600 ml Wasser mit 500 g Zucker in einen Topf geben und aufkochen. Die blanchierten Vanilleschoten in den Sirup geben, einmal aufkochen lassen und den Topf vom Herd nehmen. Die Vanilleschoten im Sirup über Nacht ziehen lassen. Den Sirup mit den Vanilleschoten am Folgetag erneut aufkochen. 100 g Zucker, das Glucosepulver und den Ingwer hinzufügen. Den Sirup eine weitere Nacht ziehen lassen. Den Sirup mit den Vanilleschoten am Folgetag erneut aufkochen. Den restlichen Zucker (100 g) hinzufügen. Den Sirup abkühlen lassen und in einem luftdicht verschlossenen Gefäß aufbewahren. Zum Anrichten die Vanilleschoten herausnehmen, abtropfen lassen und längs in Streifen schneiden. Anschließend in etwas Zucker wälzen. Die kandierten Vanillestangen können auf Vorrat zubereitet werden, sie halten sich im Sirup sehr lange. Für dieses Dessert genügen 2–3 Vanillestangen.

Hagebuttensorbet

- 100 g Wasser
- 150 g Kristallzucker
- 100 g Glucosepulver
- 500 g Hagebuttenmark

Das Wasser mit dem Zucker und dem Glucosepulver in einen Topf geben und aufkochen. Den Topf vom Herd nehmen. Das Hagebuttenmark in den Sirup geben und gut verrühren. Das Gemisch in der Eismaschine zu cremigem Sorbet gefrieren.

Sanddornsauce

- 250 g Sanddornmark
- 30 g g Kristallzucker
- 30 ml trockener Weißwein
- 30 g flüssiger Heidehonig
- ½ TL frisch gepresster Zitronensaft

Das Sanddornmark mit dem Zucker, dem Weißwein, dem Honig und dem Zitronensaft in einen Topf geben und aufkochen. Den Topf vom Herd nehmen und abkühlen lassen. Vor dem Servieren kurz mit dem Mixstab anmixen.

Butterstreusel

- 100 g Weizenmehl, Type 405
- 90 g Kristallzucker
- 50 g blanchierte, gemahlene Mandelkerne (Mandelgrieß)
- 30 g kalte Butterwürfel

Das Mehl mit dem Zucker und dem Mandelgrieß in eine Schüssel geben. Die kalten Butterwürfel hinzufügen und daraus mit den Händen kleine Streusel formen. Diese auf einem mit Backpapier belegten Backblech verteilen und im auf 160 °C vorgeheizten Backofen (Ober-/Unterhitze) 10 Minuten backen.

Anrichten

Das cremige Hagebuttensorbet in 6 Sorbetgläser füllen. Etwas Sanddornsauce auf das Sorbet geben und einige Butterstreusel daraufstreuen. Jedes Sorbet mit 2–3 kandierten Vanilleschotenstreifen garnieren.

MAISEIS MIT MALZSTREUSELN UND MUSCOVADOZUCKER

Maiseis

Die Maiskörner mit dem Wasser, dem Glucosesirup und dem Zucker in einen Topf geben und die Flüssigkeit langsam köchelnd reduzieren. Den Topfinhalt in einen Mixer füllen und sehr fein pürieren. Die Sahne auf 60 °C erwärmen. Den Maisgrieß in die warme Sahne rühren und 30 Minuten ziehen lassen. Das Gemisch dann passieren. Die Kondensmilch und die Vollmilch hineinrühren, dann alles mit dem Maispüree vermengen. Diese Maiscreme in einen Pacojetbecher füllen und 12 Stunden gefrieren lassen, anschließend den gefrorenen Becher in den Pacojet einsetzen und zu Maiseis verarbeiten.

für 6 Personen:
250 g frische Maiskörner
(ersatzweise Maiskörner aus der Dose)
50 ml Wasser
40 g Glucosesirup
25 g Kristallzucker (wird nicht bei gesüßtem Dosenmais benötigt)
100 ml flüssige Sahne
3 EL gerösteter Maisgrieß
75 ml Kondensmilch
75 ml Vollmilch

Kaffeegelee

Den Espresso und den Kaffee vermischen. Die Gelatine 5 Minuten in kaltem Wasser einweichen, dann ausdrücken und in den heißen Kaffee rühren. Den Läuterzucker, den Tia Maria und das Instant-Kaffeepulver hinzufügen. Dieses Gemisch 2 cm hoch in 6 hohe Sorbetschalen füllen und im Kühlschrank erstarren lassen.

100 ml frisch gebrühter Espresso
70 ml frisch gebrühter Filterkaffee
1 ½ Blatt weiße Gelatine
105 ml Läuterzucker (1:1)
20 ml Tia Maria (italienischer Kaffeelikör)
5 g Instant-Kaffeepulver

Malzstreusel

Den Mandelgrieß, das gesiebte Mehl, das Kakaopulver, das Malzkaffeepulver, den Zucker und das Salz in eine Schüssel geben. Die flüssige Butter hinzufügen und den Teig mit den Händen zu kleinen Streuseln bröseln. Die Streusel auf einem mit Backpapier bedeckten Backblech verteilen und im auf 160 °C vorgeheizten Backofen (Ober-/Unterhitze) 8–10 Minuten backen.

50 g blanchierte, gemahlene Mandelkerne (Mandelgrieß)
30 g Weizenmehl, Type 405
8 g Kakaopulver
8 g Malzkaffeepulver
50 g Muscovadozucker
3 g Salz
40 g flüssige Butter

Malzkaffeesahne

Die Sahne auf 60 °C erwärmen. Den Malzkaffee und den Kardamom hineingeben und die Sahne 20 Minuten ziehen lassen. Die Malzkaffeesahne anschließend durch ein feines Sieb in eine Metallschüssel passieren. Die Malzkaffeesahne über einem Eiswürfelbad abkühlen lassen und anschließend cremig aufschlagen.

250 g flüssige Sahne
20 g Malzkaffeepulver
2 Kardamomkapseln

Popcorn

Das Sonnenblumenöl in einem Topf erhitzen. Den Popcornmais und den Zucker zugeben und sofort mit einem Deckel verschließen. Sobald die ersten Maiskörner »aufpoppen«, den Topf vom Herd nehmen und warten, bis alle Maiskörner zu Popcorn aufgeplatzt sind.

1 TL Sonnenblumenöl
30 g Popcornmais
5 g Kristallzucker

Anrichten

Je 1 EL Malzkaffeesahne auf dem erstarrten Kaffeegelee verteilen. Das Ganze großzügig mit den Malzstreuseln bestreuen. Je 1 große Kugel Maiseis daraufgeben und alles mit dem Popcorn garnieren.

Friesenkekse

Die weiche Butter mit dem Puderzucker in eine Schüssel geben und mit dem Handrührgerät schaumig rühren. Dann das Marzipan klein schneiden und einarbeiten, das Vanillemark und die frisch geriebene Zitronenschale unterrühren. Anschließend das gesiebte Mehl in den Teig rühren. Aus dem Teig 3 Rollen (mit einem Durchmesser von ca. 3 cm) formen, diese einzeln straff in Klarsichtfolie wickeln und mindestens 1 Stunde einfrieren. Die erste gefrorene Rolle in 0,5 cm dicke Scheiben schneiden. Diese auf ein mit Backpapier bedecktes Backblech geben und im auf 170 °C vorgeheizten Backofen (Ober-/Unterhitze) ca. 10–15 Minuten goldgelb backen. Diese Taler abkühlen lassen und für das Kekseis beiseitestellen. Die zweite gefrorene Rolle ebenfalls in Scheiben schneiden und auf ein mit Backpapier bedecktes Backblech bröseln. Die Streusel im auf 170 °C vorgeheizten Backofen (Ober-/Unterhitze) ca. 8 bis 10 Minuten goldgelb backen und für das Anrichten beiseitestellen. Die dritte Teigrolle bis zum Anrichten im Tiefkühlfach aufbewahren.

für 6 Personen:
300 g weiche Butter
120 g Puderzucker
75 g Marzipanrohmasse
1 Vanilleschote (Mark)
1 unbehandelte Zitrone
325 g Weizenmehl, Type 405

Kekseis

Die Milch auf 20 °C erwärmen. Die abgekühlten Friesenkekse (Taler) in die Milch bröseln und zugedeckt 5 Stunden darin ziehen lassen. Die Keksmilch dann durch ein Sieb passieren und aufkochen. Die Eigelbe mit dem Zucker in eine Schüssel geben und mit dem Handrührgerät 3 Minuten schaumig schlagen. Die kochende Milch unter ständigem Rühren langsam in die Eigelb-Zucker-Mischung fließen lassen. Das Gemisch in einen Topf geben und auf 80 °C erhitzen. Dabei dauernd mit einem Schneebesen durchrühren, damit sich nichts am Topfboden anlegt. Die Kekseismasse abkühlen lassen, dann 3 Stunden im Kühlschrank erkalten lassen und anschließend in der Eismaschine gefrieren.

250 ml Vollmilch
gebackene Friesenkekse (Taler), (siehe Teilrezept »Friesenkekse«)
3 Eigelb
50 g Kristallzucker

Früchtebrot

Das Sommerbeerenbrot in 2 cm dicke Scheiben schneiden und mit einem Ring (Durchmesser ca. 6 cm) Kreise daraus stechen. Diese bis zur Verwendung bei Zimmertemperatur aufbewahren.

1 Sommerbeerenbrot (siehe Rezept S. 101)

Holunderbeerenmark

Die Holunderbeeren in der Küchenmaschine kurz anmixen. Den Portwein mit dem Gelierzucker in einen Topf geben und erhitzen. Die angemixten Holunderbeeren hinzufügen und 5 Minuten köcheln lassen. Durch ein Sieb passieren. Das Holunderbeerenmark erkalten lassen.

200 g Holunderbeeren
30 ml roter Portwein
120 g Gelierzucker (2:1)

Zitronencreme

Das Ei mit dem Zucker in einer Schüssel schaumig aufschlagen. Die Butter mit dem Abrieb von einer halben und dem Saft der gesamten Zitrone erhitzen und in das Ei-Zucker-Gemisch rühren. Die Mischung in einen Topf füllen und auf 85 °C erhitzen, dabei dauernd mit einem Schneebesen durchrühren, damit sich nichts am Topfboden anlegt. Die Zitronencreme in einen Spritzbeutel füllen und 3 Stunden im Kühlschrank ruhen lassen.

1 Ei
80 g Kristallzucker
60 g Fassrahmbutter
1 unbehandelte Zitrone

Sommerbeeren

Alle Beeren und Früchte in einer Schüssel vermengen. Den heißen Tee, den Rum und den Zucker darübergeben und durchmischen. Dann abdecken und bei Raumtemperatur 2 Stunden ziehen lassen.

30 g getrocknete Cranberries
30 g Rosinen
30 g getrocknete Berberitzenfrüchte
70 ml frisch gebrühter Schwarztee (Friesenmischung)
20 ml brauner Rum
30 g Kristallzucker

Sahnegelee

Die Sahne in einem Topf erwärmen. Die Gelatine 5 Minuten in kaltem Wasser einweichen, dann ausdrücken und in der warmen Sahne auflösen. Die Sahne in eine Form oder auf ein kleines Blech gießen und mindestens 4 Stunden kühl stellen. Kurz vor dem Anrichten in kleine Würfel schneiden.

200 ml flüssige Sahne
3 Blatt weiße Gelatine

Anrichten

Die Kreise vom Früchtebrot auf 6 Teller setzen. Darauf etwas Holunderbeerenmark geben. Die Sommerbeeren und die Sahnegeleewürfel um das Brot verteilen. Rundherum kleine Tupfen Zitronencreme spritzen. Je 1 Kugel Kekseis auf das Brot setzen. Die Keksstreusel darum verteilen. Zuletzt etwas gefrorenen Keksteig mit Hilfe einer Reibe auf das Eis raspeln. Den heißen Tee bei Tisch angießen, damit das Sahnegelee zerläuft und das Brot sich leicht vollsaugt.

250 ml frisch gebrühter Schwarztee (Friesenmischung)

Tipp

Aus dem restlichen gefrorenen Keksteig kann man weitere Friesenkekse (Taler) backen. Diese schmecken wunderbar zu einer Tasse frisch gebrühtem Schwarztee.

Andreas Sondej, Küchenchef und Kreativmotor

SIEBZIGMINUTEN-EI MIT APFEL, AAL UND DICKEN BOHNEN

Aal

Den Aal filetieren und von der Haut lösen. Die Aalgräten für den Aalfond und die Aalfilets für den Kartoffelstampf und zum Anrichten beiseitestellen. Die Aalhaut in dünne Streifen schneiden und auf Küchenpapier trocknen. Kurz vor dem Anrichten reichlich Pflanzenöl in der Friteuse oder in einem Topf auf 210 °C erhitzen und die Aalhautstreifen darin knusprig frittieren, bis sie aufpuffen. Die frittierten Aalstreifen auf Küchenpapier abtropfen lassen.

für 6 Personen:
700 g Räucheraal (im Ganzen)
reichlich neutrales Pflanzenöl zum Frittieren

Aalfond

Den Champignon putzen und vierteln. Die Schalotte häuten und würfeln. Die Aalgräten zerkleinern. Die Butter in einem Topf zerlassen. Die Champignonviertel und die Schalottenwürfel sowie die Aalgräten darin anschwitzen. Die Fenchelsamen und das Pfefferkorn hinzufügen, dann mit dem Noilly Prat ablöschen. Anschließend mit Fischfond und der Sahne auffüllen. Den Fond aufkochen, dann vom Herd nehmen und 10 Minuten ziehen lassen. Den Aalfond durch ein feines Sieb passieren.

1 Champignon
½ Schalotte
200 g Aalgräten (siehe Teilrezept »Aal«)
10 g Butter
4 Fenchelsamen
1 weißes Pfefferkorn
50 ml Noilly Prat
80 ml Fischfond (siehe Grundrezept, S. 324)
80 ml flüssige Sahne

Aalcreme

Das Eigelb mit dem Zucker und der Stärke in einer Schüssel kurz verrühren. Den Aalfond in einem Topf aufkochen, dann langsam unter die Eigelb-Zucker-Mischung rühren. Das Gemisch zurück in den Topf gießen und unter ständigem Rühren aufkochen, dann in der Küchenmaschine kalt schlagen. Die Aalcreme abschließend mit dem groben Senf verfeinern und in einen Spritzbeutel füllen.

1 Eigelb
20 g Kristallzucker
10 g feine Speisestärke
125 ml Aalfond (siehe Teilrezept)
½ EL grober Senf

Siebzigminuten-Ei

Die ganzen Eier in ein warmes Wasserbad legen und bei konstanten 63 °C 70 Minuten garen, dann herausnehmen und bis zum Anrichten warm halten.

6 Eier (Raumtemperatur)

Kartoffel-Aal-Stampf

Die Kartoffeln schälen, in wenig Salzwasser weich kochen. Die weichen Kartoffeln abgießen, dabei etwas Kochwasser aufbewahren, um die Feuchtigkeit zu regulieren, stampfen. Das Räucheraalfilet in Würfel (0,5 cm Kantenlänge) schneiden. Den Apfel ebenfalls in Würfel (0,5 cm Kantenlänge) schneiden. Die Bohnenkerne kurz in kochendem Salzwasser blanchieren, abgießen, in Eiswasser abschrecken und von der weißen Haut befreien. Die Schalotte schälen und fein würfeln. Die Butter in einem Topf zerlassen. Die Schalotten- und Apfelwürfel darin 10 Sekunden anschwitzen, dann die Räucheraalwürfel hinzufügen und ganz kurz mitschwitzen. Alles mit dem Kartoffelstampf vermengen, dann erst mit Fleur de Sel und weißem Pfeffer abschmecken.

200 g festkochende Kartoffeln
Salz
150 g Filet vom Räucheraal (siehe Teilrezept »Aal«)
70 g Apfel (Boskop), geschält
90 g frische dicke Bohnenkerne
1 Schalotte
20 g Butter
Fleur de Sel
frisch gemahlener weißer Pfeffer

Bohnenvinaigrette

400 g breite Bohnen
50 ml Traubenkernöl
½ Zitrone
Fleur de Sel
frisch gemahlener weißer Pfeffer

Die Bohnen in kochendem Salzwasser kurz blanchieren (sie sollen noch leicht knackig sein), dann in Eiswasser abschrecken. Die blanchierten Bohnen durch den Entsafter geben. Den grasgrünen Bohnensaft mit Traubenkernöl und dem Zitronensaft zu einer Bohnenvinaigrette verrühren und mit Fleur de Sel und weißem Pfeffer abschmecken.

Brotchips

2 Scheiben Kastenweißbrot (ca. 0,5 cm dick)
10 ml Sonnenblumenöl

Die Weißbrotscheiben entrinden und in Streifen von 15 cm Länge und 1 cm Breite schneiden. Die Weißbrotstreifen auf ein mit Backpapier bedecktes Backblech legen und mit dem Sonnenblumenöl beträufeln, dann die Weißbrotstreifen mit einer weiteren Lage Backpapier bedecken und mit einem weiteren Backblech leicht beschweren. Das Ganze in den auf 160 °C vorgeheizten Backofen (Ober-/Unterhitze) geben und das Weißbrot darin ca. 8 Minuten zu knusprigen Chips backen.

Anrichten

etwas Filet vom Räucheraal, in kleine Würfel geschnitten (siehe Teilrezept »Aal«)
etwas Gartenkresse

Auf 6 Tellern je 1 Stellring (ca. 6 cm Durchmesser) geben. Den Kartoffel-Aal-Stampf hineinfüllen und festdrücken. Oben jeweils eine Mulde für das Siebzigminuten-Ei hineindrücken. Jedes Siebzigminuten-Ei vorsichtig auf einen warmen Teller aufschlagen, mit einem Löffel in die Mulde gleiten lassen. Die Brotchips mit der Aalcreme, den frittierten Aalhautstreifen, einigen Aalfiletwürfeln und mit etwas Gartenkresse garnieren, dann je einen Brotchip neben den Kartoffel-Aal-Stampf legen. Die zimmerwarme Bohnenvinaigrette angießen und die Stellringe entfernen.

Tipp

Die Bohnenvinaigrette ist ein ganz besonders wichtiges Element dieses Rezepts. Das »Einfache« daran ist, dass der Bohnensaft absolut grün ist und so ein echter Geschmack nach grünen Bohnen entsteht. Werden die Bohnen zu lange gekocht, schmeckt der Saft lasch und die Farbe ist nicht mehr richtig grün. Werden die Bohnen zu kurz gekocht, schmeckt der Bohnensaft zu sehr nach »grüner Stärke«.

EINGELEGTE GEWÜRZGURKEN

- 1,5 kg kleine, frische Einmach-Gurken
- Salz
- 200 g Kristallzucker
- 200 ml Apfelessig
- 600 ml Wasser
- 6 Schalotten, geschält und in Streifen geschnitten
- 1 EL Senfsaat
- 1 EL schwarze Pfefferkörner
- 1 EL Koriandersamen
- 1 TL Meersalz
- 1 EL Fenchelkraut

Die Gurken leicht salzen und 2 Stunden ziehen lassen. Den Zucker in einem Topf hell karamellisieren, dann mit dem Apfelessig ablöschen und mit dem Wasser auffüllen. Anschließend die Schalotten, die Senfsaat, die Pfefferkörner, die Koriandersamen, das Meersalz und das Fenchelkraut hinzufügen und aufkochen. Die Gurken in ein großes Einmachglas (oder mehrere kleinere Gläser) füllen und den heißen Gewürzsud darübergeben. Das Glas mit einer Gummidichtung verschließen und in einen Einkochtopf stellen, dann mit heißem Wasser bis zur Hälfte bedecken und bei konstanten 85 °C 1 Stunde konservieren. Anschließend aus dem Wasserbad nehmen und abkühlen lassen.

Tipp Es gibt viele Methoden, Gurken haltbar zu machen, und es ist sicherlich auch Geschmacksache, wie süß, sauer oder würzig die Marinade sein soll. Bei dieser Rezeptur handelt es sich um eine milde Variante. Ich stelle die Gurken immer im Kühlhaus in eine dunkle Ecke und bewahre sie dort maximal 6 Monate auf.

ROLLS
RR
ROYCE

Claudia Reichelt, Gastgeberin und Direktorin

WI

NTER

EINGELEGTER WINTERHERING MIT DOUGLASIE, MALZBIER UND GEWÜRZEN

für 6 Personen:
6 küchenfertige Winterheringe, ausgenommen und ohne Kopf
Meersalz
frisch gemahlener schwarzer Pfeffer
20 g Weizenmehl, Type 405
50 g geklärte Butter
8 kleine Schalotten, geschält und halbiert
60 ml Apfelessig
80 ml Noilly Prat
3 ganze Sternanis
2 frische Lorbeerblätter
1 EL gelbe Senfsaat
1 TL Koriandersamen
4 Wacholderbeeren
1 TL schwarze Pfefferkörner
200 ml Apfelsaft
300 ml Malzbier
20 g Ahornsirup
einige Douglasien-Zweigspitzen

Die Heringe der Länge nach aufschneiden und entgräten, dann leicht mit Meersalz und schwarzem Pfeffer würzen und leicht mehlieren. Die geklärte Butter in einer Pfanne erhitzen und die Heringe darin auf beiden Seiten kurz anbraten. Die Heringe aus der Pfanne nehmen und beiseitestellen. Die Schalotten in derselben Pfanne anschwitzen, dann mit dem Apfelessig ablöschen und diesen vollständig einreduzieren. Anschließend mit dem Noilly Prat ablöschen und diesen ebenfalls vollständig einreduzieren. Den Sternanis, die Lorbeerblätter, die Senfsaat, die Koriandersamen, die Wacholderbeeren und die Pfefferkörner hinzufügen. Mit dem Apfelsaft auffüllen und einen Schuss Malzbier angießen. Das restliche Malzbier bis zum Anrichten kühl stellen. Den Sud so lange zugedeckt köcheln lassen, bis die Schalotten weich sind. Dann den Ahornsirup dazugeben. Die Heringe in den heißen Sud legen und die Pfanne vom Herd nehmen, mit einem Deckel verschließen und die Heringe langsam gar ziehen lassen. Die Douglasienzweige über einer offenen Flamme (z.B. Gasherd oder Gasbrenner) angrillen (um die ätherischen Öle zu aktivieren), anschließend zu den Heringen in die Pfanne geben. Die Pfanne abgedeckt in den Kühlschrank stellen und die Heringe darin 1 Tag durchziehen lassen.

Anrichten Die Heringe rechtzeitig vor dem Anrichten aus dem Kühlschrank nehmen, da sie bei Zimmertemperatur das beste Aroma entwickeln. Die Heringe mit etwas Malzbierschaum nappieren und servieren.

Kieler Sprotten
FISCHEINW. 250g

SPROTTENKRAPFEN MIT APFEL-SENF-KOMPOTT

Sprottenfond

Die Schalotte schälen und fein würfeln. Den Champignon putzen und ebenfalls würfeln. Die Kieler Sprotten klein schneiden. Die Butter in einem Topf zerlassen. Die Schalotten-, die Champignonwürfel und die Sprotten mit den Gewürzen darin anschwitzen. Anschließend mit dem Noily Prat ablöschen und mit dem Fischfond sowie der Sahne auffüllen. Den Fond 5 Minuten auf kleiner Hitze kochen, dann vom Herd nehmen und 10 Minuten ziehen lassen. Den Sprottenfond kurz anmixen, passieren und für die Sprottencreme beiseitestellen.

für ca. 30 kleine Krapfen:
½ Schalotte
1 Champignon
100 g Kieler Sprotten
10 g Butter
4 Fenchelsamen
1 weißes Pfefferkorn
50 ml Noilly Prat
150 ml Fischfond (siehe Grundrezept, S. 324)
150 ml flüssige Sahne

Sprottencreme

Die Eigelbe mit dem Zucker und der Speisestärke in einer Schüssel verrühren. Den Sprottenfond in einem Topf aufkochen und langsam unter das Eigelbgemisch rühren. Das Gemisch zurück in den Topf geben und unter Rühren langsam aufkochen, anschließend in der Küchenmaschine kalt schlagen. Die Sprottencreme in einen Spritzbeutel mit kleiner Lochtülle füllen.

3 Eigelb
40 g Kristallzucker
20 g feine Speisestärke
250 ml Sprottenfond (siehe Teilrezept)

Krapfen

Die Milch mit dem Zucker in einen Topf geben und die Hefe hineinbröseln. Die Milch auf 40 °C erwärmen und die Hefe darin vollständig auflösen. Das Mehl in eine große Rührschüssel (Küchenmaschine) sieben. In die Mitte eine Mulde drücken und das warme Hefegemisch hineingeben. Dann mit einem Kochlöffel ca. ein Drittel des Mehles unter das Hefegemisch rühren. Diesen Vorteig abdecken und an einem warmen Ort 10 Minuten gehen lassen. Anschließend die Eigelbe, das Ei, die flüssige Butter, den Senf und das Salz hinzufügen und alles mit dem Knethacken (Küchenmaschine) zu einem glatten Teig verarbeiten. Den Teig ca. 2 Stunden kalt stellen, bis er vollständig durchgekühlt ist. Aus dem erkalteten Teig etwa 30 walnussgroße Bällchen formen. Diese auf ein bemehltes Küchentuch legen, mit einem weiteren Küchentuch abdecken und 10 Minuten an einem warmen Ort gehen lassen. Das Butterschmalz in einem Topf auf 160 °C erhitzen und die Krapfen darin portionsweise goldbraun ausbacken. Die ausgebackenen Krapfen mit einem Schaumlöffel aus dem Fett heben und auf Küchenpapier abtropfen lassen, dann im auf 160 °C vorgeheizten Backofen (Ober-/Unterhitze) 5 Minuten fertig backen. Die fertigen Krapfen mit etwa einem TL Sprottencreme füllen.

65 g Vollmilch
15 g Kristallzucker
21 g frische Hefe (½ Würfel)
300 g Weizenmehl, Type 405
2 Eigelb
1 Ei
65 g flüssige Butter
¼ TL feiner mittelscharfer Senf
12 g Salz
750 g Butterschmalz zum Ausbacken
Sprottencreme zum Füllen (siehe Teilrezept)

Apfel-Senf-Kompott

Die Äpfel schälen, entkernen und in Stücke schneiden. Das Traubenkernöl in einem Topf erhitzen und die Apfelstücke darin farblos anschwitzen. Den Topf mit einem Deckel verschließen und die Apfelstücke so lange dünsten, bis sie zerfallen. Das Kompott bei Bedarf kurz mit dem Stabmixer anmixen, dann den Senf hineinrühren und abkühlen lassen.

3 Äpfel (Gala)
10 ml Traubenkernöl
1 ½ EL grober Senf

Anrichten

Die Sprottenkrapfen mit dem Apfel-Senf-Kompott servieren.

Tipp

Dieses Rezept können Sie auch mit Räucheraal zubereiten. Achten Sie darauf, einen milden, grobkörnigen Senf für das Apfelkompott zu verwenden. Wir beziehen unseren Senf bei unserem »feinheimischen Produzenten« Senf Pauly.
Senf besteht aus ganz einfachen Zutaten. Wie immer ist das Grundprodukt – die Senfsaat das Wichtigste: Biologisch angebaut, zum richtigen Zeitpunkt geerntet. Mit besten Zutaten wie Quellwasser, Apfelessig, Meersalz, Rohrzucker usw. gemischt, ergibt alles ein wunderbares Produkt.

GEFÜLLTER ROSENKOHL MIT ENTE, KATENSCHINKEN UND GEHOBELTEN KASTANIEN

Rosenkohl vorbereiten

für 6 Personen:
1 kg frischer Rosenkohl
Salz

Den Rosenkohl putzen. Die äußeren, schönen hellgrünen Blättchen von den Köpfen trennen und kurz in kochendem Salzwasser blanchieren, dann abschöpfen und in Eiswasser abschrecken. Diese blanchierten Blätter zum Füllen beiseitestellen. Die restlichen Rosenkohlköpfe vom Strunk befreien und für den Rosenkohlstampf beiseite stellen.

Füllung aus Entenconfit

2 Entenkeulen (à ca. 200 g)
200 g Entenschmalz (alternativ geklärte Butter)
Salz
frisch gemahlener schwarzer Pfeffer
1 Schalotte, geschält und grob gewürfelt
1 Apfel (Gala), ungeschält, entkernt und grob gewürfelt
20 g frischer Ingwer, geschält und in Scheiben geschnitten
4 Wacholderbeeren
2 frische Lorbeerblätter
2 Pimentkörner
1 Zweig Rosmarin

Die Entenkeulen säubern und das Fleisch von den Knochen lösen. Wenig Entenschmalz in einer Pfanne erhitzen. Das Keulenfleisch zugeben und von allen Seiten langsam anbraten, dann mit Salz und Pfeffer würzen. Das angebratene Keulenfleisch aus der Pfanne nehmen und in einen kleinen Topf geben. Die Schalotten- und Apfelwürfel in die Bratpfanne geben und in dem Bratfett kurz anschwitzen, anschließend über das Keulenfleisch geben. Den Ingwer, die Wacholderbeeren, die Lorbeerblätter, die Pimentkörner und den Rosmarinzweig zugeben. Das restliche Entenschmalz erhitzen. Alles mit dem heißen Entenschmalz auffüllen, bis das Keulenfleisch fast vollständig bedeckt ist. Den Topf verschließen und in den auf 180 °C vorgeheizten Backofen (Ober-/Unterhitze) stellen. Das Entenfleisch darin so lange konfieren, bis es weich ist (ca. 50–70 Minuten). Das konfierte Entenfleisch aus dem Schmalz nehmen und etwas abkühlen lassen, anschließend häuten. Die Entenhaut sehr fein hacken. Das Konfierschmalz in einen Topf passieren (die Einlage beiseitestellen), erhitzen und die gehackte Entenhaut darin langsam knusprig ausbacken. Dann aus dem Schmalz schöpfen und auf Küchenpapier abtropfen lassen. Das konfierte Keulenfleisch in feine Stücke schneiden. Von der Schalotten-Apfel-Einlage 1 EL abnehmen, abtropfen lassen und mit dem fein gehackten Entenfleisch vermengen, sodass eine weiche Masse entsteht. Die knusprige Entenhaut daruntermischen. Die Masse mit Salz und frisch gemahlenem schwarzem Pfeffer abschmecken.

Füllung aus Entenleber, Apfel und Kartoffel

75 g mehligkochende Kartoffeln
Salz
150 g frische Entenleber
10 g Butter
20 g feine Apfelwürfel (Gala)
1 Scheibe Toastbrot, entrindet und fein gemahlen
Meersalz
frisch gemahlener weißer Pfeffer
1 kleiner Zweig Majoran

Die Kartoffeln schälen und in Salzwasser weich kochen, dann abgießen, ausdämpfen und stampfen. Die Entenleber in kleine Stücke schneiden. Die Hälfte der Butter in einem Topf aufschäumen und die Entenleber darin sautieren. Die sautierten Entenleberstücke klein schneiden. Die restliche Butter in einer Sauteuse zerlassen. Die Apfelwürfel darin sautieren. Die Entenleber und den Kartoffelstampf mit den Apfelwürfeln in eine Schüssel geben. Das geriebene Toastbrot daruntermengen. Mit Meersalz, frisch gemahlenem weißem Pfeffer und fein geschnittenem Majoran abschmecken.

Brotfüllung

Das Graubrot in feine Würfel schneiden. Die Butter in einem Topf zerlassen. Die Schalotten- und Champignonwürfel darin anschwitzen, dann die Brotwürfel hinzufügen und alles in eine Schüssel füllen. Die Milch erwärmen (nicht aufkochen) und über das Brotgemisch geben. Die Schüssel mit Klarsichtfolie verschließen und das Brotgemisch 5 Minuten ziehen lassen. Anschließend das Eigelb und die Schnittlauchröllchen hineinrühren und mit Meersalz, weißem Pfeffer und etwas Muskat abschmecken.

200 g Graubrot (vom Vortag)
30 g Süßrahmbutter
1 Schalotte, geschält und fein gewürfelt
4 Champignons, geputzt und fein gewürfelt
40 ml Vollmilch
1 Eigelb
1 EL feine Schnittlauchröllchen
Meersalz
frisch gemahlener weißer Pfeffer
frisch geriebene Muskatnuss

Füllen des Rosenkohls

Von den Füllungen (Brotfüllung, Entenleber-Apfel-Füllung, Entenconfit) mit Hilfe eines Teelöffels kleine Nocken abstechen und diese zu kleinen Bällchen formen. Die blanchierten Rosenkohlblätter darumwickeln, sodass kleine »Rosenkohlköpfe« entstehen. Diese vor dem Anrichten in einen Lochgittereinsatz geben und vorsichtig über Salzwasserdampf erwärmen.

Salzwasser zum Dämpfen

Knuspriger Katenschinken

Die Schinkenscheiben auf ein mit Backpapier bedecktes Backblech legen, mit einer weiteren Lage Backpapier bedecken und diese beschweren. Die Schinkenscheiben im auf 150 °C vorgeheizten Backofen (Umluft) 30 Minuten trocknen. Die Scheiben vor dem Anrichten in Stücke brechen.

10 dünne Scheiben Katenschinken

Rosenkohlstampf

Die Rosenkohlköpfe 3 Minuten in kochendem Salzwasser blanchieren, dann abgießen und sofort in der Küchenmaschine mit den Butterflocken, etwas Meersalz, Zucker und weißem Pfeffer zu einem leicht stückigen Stampf pürieren, dann sofort anrichten.

vorbereitete Rosenkohlköpfe
(siehe Teilrezept »Rosenkohl vorbereiten«)
70 g Süßrahmbutter
Meersalz
Kristallzucker
frisch gemahlener weißer Pfeffer

Kastanien

Die ungekochten Kastanien schälen und mit Hilfe eines kleinen spitzen Messers von der braunen Innenschale befreien. Die Kastanien mit einem Trüffelhobel fein hobeln.

12 Stück Maronen (Esskastanien)

Anrichten

Die gesalzene Butter in einer kleinen Pfanne zerlassen und bräunen, dann durch ein feines Sieb gießen. Den Rosenkohlstampf mit Hilfe eines großen Stellringes auf 6 Teller verteilen. Die gefüllten Rosenkohlköpfe daraufsetzen. Zwischen die gefüllten Köpfe kleine Katenscheibenchips und Kastanienspäne geben. Den gefüllten Rosenkohl mit etwas brauner Butter nappieren.

100 g gesalzene Butter

Tipp

Es ist eine sehr mühsame Arbeit mit den Rosenkohlblättern, die sich aber lohnt. Wichtig ist, dass Sie stets möglichst wenig Füllmasse verwenden, sonst stimmt das Verhältnis nicht mehr und der Rosenkohl geht völlig unter. Ich liebe dieses Gericht ganz besonders. Zum einen, weil mich Rosenkohl wahnsinnig an meine Kindheit erinnert und zum anderen, weil ich ein Rosenkohlgericht schaffen wollte, das auch in einem Zweisternerestaurant funktioniert.

VERSCHIEDE ROH MARINIERTE SYLTER ROYAL AUSTERN

Austern mit Holunderblütengranité

Das Wasser, den Weißwein, den Sekt, den Zucker und den frisch gepressten Zitronensaft in einen Topf geben und aufkochen. Die Holunderblüten in den Sirup geben und den Topf vom Herd nehmen und bedecken. Die Holunderblüten über Nacht im Kühlschrank ziehen lassen, dann in ein flaches Blech abseihen und gefrieren. Dabei das Granité immer wieder mit einer Gabel abschaben, damit schöne Granitésplitter entstehen. Die Austern ausbrechen, darauf etwas Holunderblütengranité setzen und sofort servieren.

für 6 Personen:
100 ml Wasser
50 ml trockener Weißwein
20 ml Sekt
50 g Kristallzucker
½ Zitrone
300 g frische Holunderblüten
6 Sylter Royal Austern

Austern mit Erbsenvinaigrette

Die gefrorenen Erbsenkerne in dem lauwarmen Wasser antauen lassen, dann durch den Entsafter geben. Das Sonnenblumenöl und das Traubenkernöl in den Erbsensaft rühren. Mit Meersalz, Zucker und weißem Pfeffer abschmecken. Den Minzezweig in den Saft legen und 10 Minuten ziehen lassen, anschließend wieder herausnehmen. Die Vinaigrette kurz vor dem Anrichten über 6 ausgebrochene Austern geben und sofort servieren.

200 g grüne Erbsenkerne, gefroren
50 ml warmes Wasser
2 ml Sonnenblumenöl
2 ml Traubenkernöl
1 Prise Meersalz
1 Prise Kristallzucker
frisch gemahlener weißer Pfeffer
1 Zweig Minze
6 Sylter Royal Austern

Austern mit Apfel, Gurke und Ingwer

Den Apfel und die Gurke schälen, entkernen und in feine Streifen schneiden. Beides in einer Schüssel vermengen. Den geriebenen Ingwer durch ein Tuch drücken. Den dabei entstandenen Ingwersaft über die Apfel- und Gurkenstreifen geben. Alles gut durchmengen. Die Marinade kurz vor dem Anrichten über 6 ausgebrochene Austern geben und sofort servieren.

¼ Apfel (Granny Smith)
⅛ Salatgurke
10 g frischer Ingwer, geschält und sehr fein gerieben
6 Sylter Royal Austern

Austerntatar mit Crème Cru

Die Austern ausbrechen. Die Schalen beiseitestellen und das Austernfleisch zum Abtropfen in ein Sieb geben. Das abgetropfte Austernfleisch fein würfeln und mit etwas frisch geriebener Limettenschale, etwas frisch gepresstem Limettensaft und weißem Pfeffer marinieren, dann mit den Staudenselleriewürfeln vermengen. Das Austerntatar in 6 Austernschalen geben und mit einigen Tupfen Crème Cru verzieren, anschließend mit fein geschnittenen Estragonstreifen garnieren und sofort servieren.

Tipp: Crème Cru ist frisch abgeschöpfter, dickcremiger Rahm von Rohmilch. Wer keine Möglichkeit hat, sie zu bekommen, kann auf Crème fraîche ausweichen, die allerdings etwas säuerlicher ist. Als mildere Alternative empfiehlt sich eine 1:1-Mischung aus Crème fraîche und Crème double.

6 große fleischige Sylter Royal Austern
etwas frisch geriebene unbehandelte Limettenschale
ein paar Tropfen frisch gepresster Limettensaft
frisch gemahlener weißer Pfeffer
50 g feine Staudenselleriewürfel, blanchiert
50 g Crème Cru, leicht aufgeschlagen
einige Estragonblättchen, in feine Streifen geschnitten

Austern mit Felchenkaviar

Kurz vor dem Anrichten je 1 kleinen EL Felchenkaviar über 6 ausgebrochene Austern geben. Etwas fein gezupftes Fenchelkraut darübergeben und sofort servieren.

60 g Felchenkaviar
6 Sylter Royal Austern
etwas Fenchelkraut

Austern mit Johannisbeerkernöl

Kurz vor dem Anrichten je 1 TL Johannisbeerkernöl über 6 ausgebrochene Austern geben und sofort servieren.

6 TL Johannisbeerkernöl
6 Sylter Royal Austern

Anrichten

6 Teller mit zerstoßenem Eis füllen, darauf je 6 verschiedene Austern setzen.

WINTERGEMÜSESALAT MIT GEBRATENER ROTZUNGE

Pilzpuder

Die Pilze putzen und gründlich waschen, anschließend mit Küchenpapier trocken tupfen. Die Schalotte schälen und in feine Würfel schneiden. Die Butter in einer Pfanne erhitzen. Die Schalotten mit den Pilzen darin anschwitzen und mit dem Knoblauchöl, Salz und Pfeffer würzen. Alles im Trockenautomat 2 Tage trocknen, dann zu feinem Puder mahlen.

für ca. 6 Personen:
100 g Chanterelle-Pilze
100 g Totentrompeten
1 Schalotte
30 g Butter
¼ TL Knoblauchöl
Meersalz
frisch gemahlener schwarzer Pfeffer

Gemüse

Die Roten Bete waschen und ungeschält im Ganzen in reichlich Salzwasser gar kochen, dann aus dem Kochwasser nehmen, kurz abkühlen lassen und schälen. Die Rote Bete in Achtel schneiden und lauwarm anrichten. Die Petersilienwurzeln und die Pastinaken schälen und separat in wenig sprudelnd kochendem Salzwasser blanchieren, bis sie gar sind. Dann in Eiswasser abschrecken. Das Kochwasser beiseitestellen. Kurz vor dem Anrichten wenig Kochwasser in 2 getrennten Töpfen erhitzen und die blanchierten Petersilienwurzeln und Pastinaken zugeben und erhitzen, dann lauwarm anrichten. Die Schwarzwurzeln gründlich waschen und großzügig schälen. Die Schwarzwurzelstangen sofort in kaltes Wasser legen. Etwas Butter in einem Topf aufschäumen lassen, die abgetropften Schwarzwurzeln zugeben und einige Minuten farblos anschwitzen. Dann mit wenig Wasser aufgießen und bei geschlossenem Topf im eigenen Saft dünsten, bis die Schwarzwurzeln gar sind. Die Kerbelwurzeln waschen und schälen, dann in wenig schäumender Butter farblos anschwitzen. Den Topf verschließen, vom Herd nehmen und die Kerbelwurzeln gar ziehen lassen, dann lauwarm anrichten. Den Knollenziest putzen und 1 Minute in wenig sprudelnd kochendem Salzwasser blanchieren, dann abgießen, kurz in etwas Butter ohne Farbe anschwitzen und lauwarm anrichten. Die Pilze putzen und einzeln in etwas schäumender Butter anschwitzen, anschließend mit Küchenpapier trocken tupfen.

150 g Rote Bete
150 g Petersilienwurzel
150 g Pastinaken
250 g Schwarzwurzeln
150 g Kerbelwurzeln
150 g Knollenziest
50 g Chanterelle-Pilze
70 g Totentrompeten
Meersalz
etwas Butter zum Anschwitzen

Vinaigrette

Den Gemüsefond mit dem Backpflaumenessig vermengen, dann das Rapsöl hineinrühren. Die Vinaigrette mit Meersalz und Pfeffer abschmecken, dann 20 Minuten ziehen lassen.

60 ml Gemüsefond (siehe Grundrezept, S. 323)
40 ml alter Backpflaumenessig
100 ml feines mildes Rapsöl
Meersalz
frisch gemahlener schwarzer Pfeffer

Rotzunge

Die Rotzungen schuppen und mit der Haut filetieren. Die Filets der Länge nach halbieren. Die Butter in einer Pfanne erhitzen. Die Rotzungenfilets darin vorsichtig auf der Hautseite glasig braten, dann leicht salzen und sofort anrichten.

2 küchenfertige Rotzungen (à 800 g)
30 g Butter
Meersalz

Anrichten

Die Schwarzwurzeln nach dem Garen trocken tupfen, längs in Stücke schneiden und in dem Pilzpuder wälzen. Auf 6 Teller verteilen. Die Petersilienwurzeln und die Pastinaken längs in Keile schneiden und dazwischenlegen. Die Kerbelwurzeln längs halbieren und zusammen mit den Rote-Bete-Achteln und dem Knollenziest dazwischensetzen. Die Pilze auf die Teller geben. Alles zusammen mit etwas Vinaigrette beträufeln. Zum Schluss die gebratenen Rotzungenstreifen dazugeben und mit der Bratbutter nappieren.

Tipp

Am besten garen Sie die Gemüse separat und achten darauf, dass der Eigengeschmack hervorgehoben wird und nicht durch starkes Würzen oder Marinieren übertönt wird. Verwenden Sie nicht zu viel Wasser beim Garen, sondern achten Sie darauf, dass die Flüssigkeiten nicht abgegossen, sondern zum Glasieren oder Erwärmen wieder verwendet werden können.

RAUCHAAL MIT KALBSBAUCH, BRATBIRNE UND GEGRILLTEN ZWIEBELN

Kalbsbauch

Den Kalbsbauch von allen Seiten mit Meersalz und weißem Pfeffer einreiben. Das Pflanzenöl in einem Bräter erhitzen und den Kalbsbauch darin von allen Seiten kurz anbraten. Das Fleisch aus dem Bräter nehmen. Die Karotten-, Staudensellerie-, Fenchel- und Zwiebelwürfel in den Bräter geben und anbraten, dann mit dem Rotwein ablöschen und mit dem Kalbsfond auffüllen. Die Pfefferkörner und die Koriandersamen hinzugeben und den Kalbsbauch hineinlegen. Den Bräter mit einem Deckel verschließen und in den auf 120 °C vorgeheizten Backofen (Ober-/Unterhitze) stellen. Das Fleisch darin 2–3 Stunden weich schmoren. (Das Fleisch soll weich, aber nicht verkocht sein.) Das gare Fleisch aus dem Ofen nehmen und in grobe Würfel schneiden. Den Kalbsschmorfond für die Sauce aufbewahren.

für 6 Personen:
- 1 kg küchenfertiger Kalbsbauch oder Kalbsbrust
- Meersalz
- frisch gemahlener weißer Pfeffer
- 2 EL neutrales Pflanzenöl
- 30 g feine Karottenwürfel
- 30 g feine Staudenselleriewürfel
- 30 g feine Fenchelwürfel
- 50 g feine Zwiebelwürfel
- 200 ml trockener Rotwein
- 1 l heller Kalbsfond (siehe Grundrezept, S. 325)
- 10 weiße Pfefferkörner
- 10 Koriandersamen

Aalpäckchen

Den frischen Aal filetieren und die Gräten ziehen. Die Karkassen vom frischen Aal für den Rauchaalfond beiseitestellen. Das geräucherte sowie das frische Aalfilet in gleichmäßige Stücke schneiden. Je 2 Stücke frisches Aalfilet, ein Stück geräuchertes Aalfilet mit einer halben Scheibe Katenschinken, 1 frischen Lorbeerblatt und Küchengarn zu kleinen Paketen binden, sodass das Rauchaalfiletstück zwischen 2 frischen Aalfiletstücken liegt.

- 1 frischer Aal, im Ganzen, ca. 1,2 kg
- 700 g frisch geräuchertes Aalfilet
- 6 kleine Scheiben Katenschinken
- 12 frische Lorbeerblätter

Rauchaalfond

Das Räuchermehl in einem kleinen Topf anzünden und kurz aufglimmen lassen, dann in einen verschließbaren Räuchertopf geben, den Gittereinsatz mit den Aalkarkassen einsetzen und sofort mit einem Deckel verschließen und räuchern. Die Schalotten schälen und fein würfeln. Die Knoblauchzehe schälen, vom Keim und Strunk befreien und fein schneiden. Die Champignons putzen und fein schneiden. Die Butter in einem Topf erhitzen. Die Schalotten, den Knoblauch und die Champignons darin glasig schwitzen. Die Aalkarkassen kurz mitdünsten und mit Noilly Prat ablöschen. Den Kalbsfond zugeben und zum Köcheln bringen. Etwa 10 Minuten ziehen lassen, dann passieren. Diesen Rauchaalfond für die Sauce beiseitestellen.

- 100 g Buchenräuchermehl
- Karkassen vom frischen Aal (siehe Teilrezept »Aalpäckchen«)
- 2 Schalotten
- 1 Knoblauchzehe
- 30 g Champignons
- 50 g Butter
- 80 ml Noilly Prat
- 150 ml heller Kalbsfond (siehe Grundrezept, S. 325)

Sauce

Den Kalbsschmorfond durch ein feines Sieb passieren. Die Schalotten schälen und fein würfeln. Die Knoblauchzehen schälen, vom Keim befreien und fein schneiden. Die Champignons putzen und fein schneiden. Die Butter in einem Topf erhitzen. Die Schalotten, den Knoblauch und die Champignons darin glasig schwitzen, dann mit dem Noilly Prat ablöschen. Anschließend mit dem passierten Rauchaalfond auffüllen und zum Köcheln bringen. Den Fond etwa 10 Minuten köcheln lassen, dann passieren. Die Sauce je nach Bedarf mit Meersalz abschmecken.

- 300 ml Kalbsschmorfond (siehe Teilrezept »Kalbsbauch«)
- 2 Schalotten
- 5 Knoblauchzehen
- 5 weiße Champignons
- 40 g Butter
- 50 ml Noilly Prat
- 150 ml Rauchaalfond (siehe Teilrezept »Rauchaalfond«)
- Meersalz

Gegrillte Zwiebel

Die Zwiebeln schälen und der Länge nach halbieren. Das Butterschmalz in einer Pfanne stark erhitzen und die halbierten Zwiebeln mit der Schnittfläche nach unten darin stark angrillen, dann mit Meersalz und weißem Pfeffer würzen. Anschließend mit dem Birnenmostessig ablöschen und diesen einkochen, dann mit dem Birnensaft auffüllen. Die Zwiebeln in der geschlossenen Pfanne etwa 10 Minuten garen. (Sie sollen noch Biss haben, aber nicht mehr roh sein.)

10 kleine Gemüsezwiebeln
20 g Butterschmalz
Meersalz
frisch gemahlener weißer Pfeffer
30 ml Birnenmostessig
80 ml Birnensaft

Bratbirne

Die ungeschälten Birnen in Spalten schneiden und von den Kerngehäusen befreien. Die geklärte Butter in einer Pfanne zerlassen und die Birnenspalten darin kurz anbraten, dann die Pfanne in den auf 150°C vorgeheizten Backofen (Ober-/Unterhitze) stellen und die Birnen in 10 Minuten fertig braten.

2 reife, feste Birnen
50 g geklärte Butter

Anrichten

Die Kalbsbauchwürfel leicht mehlieren. Die Butter in einer Pfanne zerlassen. Die Kalbsbauchwürfel und die Aalpäckchen darin von allen Seiten leicht anbraten. (Vorsicht: Der Aal darf nicht zu heiß werden, da er sonst trocken wird.) Die Kalbsbauchwürfel und die Aalpäckchen auf 6 tiefe Teller geben. Die gegrillten Zwiebeln und die Bratbirnen »wild« auf die Teller verteilen. Mit etwas aufgemixter Sauce vollenden.

etwas Weizenmehl, Type 405
60 g Butter

Tipp

Aal gehört zu den besten Produkten, die wir aus dem Wasser kriegen können, und er gehört immer noch zu den am wenigsten erforschten Tieren. Der Aal lebt im Süßwasser, in Flüssen und Flussmündungen, zieht aber zum Laichen Tausende Kilometer in die Saragossasee – etwa 5000 Kilometer westlich von Spanien, mitten im Atlantik. Welches Navigationssystem oder welche Launen der Natur ihm den Weg in die Flüsse zeigen, ist immer noch unbekannt.
Es gibt einfachere Fische, was Verarbeitung und Zubereitung betrifft, aber die Arbeit lohnt sich. Wer einmal ein köstliches Aalgericht gegessen hat, wird es immer in Erinnerung behalten, wer aber einmal schlechten, tranigen, trockenen, verräucherten Aal gegessen hat, allerdings auch. Geben Sie nicht auf – es lohnt sich.

SAUTIERTE KALBSNIERE AUF SCHWARZEM RETTICH, TELTOWER RÜBCHEN UND GROBEM SENF

Vorbereiten der Kalbsniere

Die Kalbsniere putzen, vom Fett befreien und in einzelne Segmente zerteilen. Die Kalbsnierenstücke bis zum Anrichten beiseitestellen. Das Nierenfett in grobe Würfel schneiden und in einem Topf langsam zerlassen. Dann die Temperatur langsam erhöhen und die Speckwürfel so lange ausbacken, bis sie knusprig sind. Diese Grieben auf ein Küchentuch geben und bis zum Anrichten warm stellen.

für 6 Personen:
1 große Kalbsniere (im eigenem Fett, ca. 900 g)

Schwarzer Rettich

Die Rettiche waschen und ungeschält in 1,5 cm dicke Scheiben (insgesamt 18 Scheiben) schneiden. Diese mit dem Mineralwasser, dem Essig, dem Zucker sowie etwas Salz und Pfeffer in einen Vakuumierbeutel geben und vakuumieren. Den Beutel in ein heißes Wasserbad geben und die Rettichscheiben bei 100 °C etwa 20 bis 25 Minuten weich garen. Die gegarten Rettichscheiben mit dem Kochfond in einen Topf geben und den Fond leicht köchelnd reduzieren, bis die Rettichscheiben zu karamellisieren beginnen. Die Butter hinzufügen und den Karamell damit lösen.

1–2 schwarze längliche Rettiche
100 ml Mineralwasser
15 ml Apfelmostessig
50 g Kristallzucker
Salz
frisch gemahlener schwarzer Pfeffer
30 g Butter

Teltower Rübchen

Die Rübchen schälen und im Ganzen mit dem heißen Tee, dem Zucker sowie etwas Salz und Pfeffer in einen Vakuumierbeutel geben und vakuumieren. Den Beutel in ein heißes Wasserbad geben und die Rübchen bei 100 °C etwa 30 Minuten weich garen. Die gegarten Rübchen mit 200 ml Kochfond in einen Topf geben und den Fond leicht köchelnd reduzieren, bis die Rübchen zu karamellisieren beginnen. Die Butter hinzufügen und den Karamell damit lösen.

24 Teltower Rübchen
700 ml frisch gebrühter Schwarztee (Friesenmischung)
50 g Kristallzucker
Salz
frisch gemahlener schwarzer Pfeffer
30 g Butter

Sautierte Kalbsniere

Kurz vor dem Anrichten die Butter in einer Pfanne aufschäumen lassen. Den Rosmarin hinzufügen. Die Kalbsnieren in der schaumigen Butter kurz sautieren, dann aus der Pfanne nehmen, in Alufolie wickeln und 5 Minuten ruhen lassen. Die Kalbsnieren anschließend aus der Folie nehmen und nochmals kurz in der schaumigen Butter sautieren. Die Kalbsnieren dann in ein Sieb geben, abtropfen lassen, leicht salzen und pfeffern und sofort anrichten.

40 g gesalzene Butter
1 Zweig Rosmarin
sauber parierte Kalbsnierenstücke (siehe Teilrezept »Vorbereiten der Kalbsniere«)
Meersalz
frisch gemahlener schwarzer Pfeffer

Anrichten

Je 3 Rettichscheiben und 4 Teltower Rübchen auf 6 Teller verteilen. Je ein sautiertes Kalbsnierenstück auf die Rettichscheiben legen. Die Nierchen mit etwas grobem Senf bestreichen und mit den Grieben bestreuen. Die heiße Kalbsjus angießen und mit etwas Navettenöl vollenden.

3 EL grober Senf
200 ml Kalbsjus (siehe Grundrezept, S. 325)
50 ml Navettenöl

Tipp

Es ist ganz wichtig, dass die Kalbsnierchen nach dem Braten auf ein Sieb gehängt werden, damit das Blut abtropfen kann und die Nierchen auf dem Teller nicht »wässern«. Ich liebe Kalbsnieren, wenn sie noch schön rosa oder sogar medium-rare sind.

Ingwer Matzen, Friese und Mensch

WILDENTENBRUST MIT FRIESENTEE, ROSINEN, MAULBEEREN UND BERBERITZEN

Teebeeren

Die Teebeeren am Vortag vorbereiten: Aus den Teeblättern einen Tee kochen. Die Rosinen, Maulbeeren und Berberitzenfrüchte in eine Schüssel geben und mit dem heißen Tee übergießen. Die Beeren bis zum Anrichten in dem Tee einweichen.

für 6 Personen:
5 g Schwarzteeblätter (Friesenmischung)
50 g Rosinen
50 g getrocknete weiße Maulbeeren
50 g getrocknete Berberitzenfrüchte

Vorbereiten der Enten

Die Keulen und die Flügel von den Wildenten schneiden. Das Brustfleisch am Knochen belassen. Die Entenbrüste am Knochen kalt stellen. Das restliche Entenfleisch mit den Knochen klein hacken und für die Sauce beiseitestellen.

3 küchenfertige Wildenten (à 900 g)

Sauce

Die klein gehackten Knochen gleichmäßig auf einem Backblech verteilen und das Butterschmalz dazugeben. Die Entenkarkassen im auf 180 °C vorgeheizten Backofen (Umluft) 10 Minuten rösten. Die gerösteten Entenkarkassen in einen großen Topf oder Bräter geben und auf dem Herd weiterrösten. Dann das Mirepoix und die Schalotten hinzufügen und mitrösten, bis es schön braun ist. (Das Gemüse dennoch nicht zu stark rösten, sonst entstehen Bitterstoffe.) Dann das Tomatenmark hineinrühren und die Gewürze (Koriandersamen, Pfefferkörner, Wacholderbeeren, Lorbeerblatt) hinzufügen. Das ganze weitere 3–4 Minuten rösten. Anschließend mit dem Portwein und dem Madeira ablöschen und vollständig reduzieren. Mit 3 l kaltem Wasser auffüllen, sodass die Knochen ganz bedeckt sind. Den Fond 2–3 Stunden köcheln lassen. Dabei immer wieder den Schaum und das Fett von der Oberfläche schöpfen. Den Fond dann durch ein feines Sieb passieren, abkühlen lassen und entfetten. Den Fond nochmals aufkochen und auf 300 ml reduzieren. Dann erst mit Meersalz und Pfeffer abschmecken.

gehackte Karkassen von 3 Wildenten (siehe Teilrezept »Vorbereiten der Wildenten«)
80 ml Butterschmalz
200 g Mirepoix (Knollensellerie, Staudensellerie, Karotten, Petersilienwurzel)
2 Schalotten, geschält und geschnitten
40 g Tomatenmark
1 TL Koriandersamen
1 TL schwarze Pfefferkörner
6 Wacholderbeeren
1 frisches Lorbeerblatt
150 ml roter Portwein
150 ml Madeira
Meersalz
frisch gemahlener schwarzer Pfeffer

Braten der Entenbrüste

Das Butterschmalz in einem Bräter erhitzen. Die Wildentenbrüste darin auf der Hautseite anbraten, dann wenden. Den Rosmarin und den Thymian hinzufügen. Den Bräter in den auf 140 °C vorgeheizten Backofen (Umluft) stellen und die Entenbrüste darin etwa 10 Minuten weiterbraten, dabei einmal mit dem heißen Butterschmalz übergießen. Die gebratenen Entenbrüste aus dem Bräter nehmen, mit Alufolie bedecken und an einem warmen Ort 20 Minuten ruhen lassen. Die Butter in einer Pfanne aufschäumen lassen. Die Entenbrüste darin von beiden Seiten 2 Minuten nachbraten. Das Brustfleisch dann in dünnen Tranchen vom Knochen schneiden und mit wenig Meersalz und Pfeffer bestreuen.

50 g Butterschmalz
3 doppelte Wildentenbrüste, am Knochen (siehe Teilrezept »Vorbereiten der Wildenten«)
1 Zweig frischer Rosmarin
1 Zweig frischer Thymian
50 g gesalzene Butter
20 g Meersalz
frisch gemahlener schwarzer Pfeffer

Anrichten Das Entenbrustfleisch auf 6 Teller verteilen und mit etwas Sauce übergießen. Die Teebeeren leicht erwärmen und mit einigen getrockneten Schwarzteeblättern auf das Fleisch geben.

einige getrocknete Schwarzteeblätter (Friesenmischung)

Tipp Am besten ist es, das Fleisch mit Hilfe eines Bratenthermometers auf eine Kerntemperatur von 52 °C zu garen. Beim Nachbraten sollte die Kerntemperatur 57 °C erreichen. Sie können die Sauce noch verfeinern, indem Sie in die bereits reduzierte Sauce einige Minuten einen Rosmarin- und einen Thymianzweig einlegen und nach und nach einige eiskalte Butterstückchen hineinrühren.

WILDHASENRÜCKEN MIT DÖRRPFLAUME UND »SAUCENDOPING«

Vorbereiten der Wildhasenrücken

Die Wildhasenrückenfilets auslösen. Diese 6 Fleischstränge von allen Sehnen und Häuten befreien. Auch die kleinen Hasenfilets (sie befinden sich direkt an der Unterseite des Rückenknochens) auslösen. Das Fleisch auf einen Teller legen, mit Klarsichtfolie bedecken und kalt stellen. Die Knochen klein hacken und für die Jus beiseitestellen.

für 6 Personen:
3 Wildhasenrücken (am Knochen, à 900 g)

»Saucendoping«

Den Rotwein mit dem Madeira und dem Sherry in einen Topf geben und auf 300 ml reduzieren. (Vorsicht: Gerade gegen Ende brennt die Flüssigkeit leicht an.) Das »Saucendoping« in ein Glas füllen und dieses luftdicht verschließen. Im Kühlschrank hält sich das »Saucendoping« mehrere Wochen und kann immer wieder für dunkle Saucen verwendet werden.

1,5 l trockener Rotwein
750 ml trockener Madeira
750 ml trockener Sherry

Wildhasenjus

Die klein gehackten Knochen gleichmäßig auf einem Backblech verteilen und im auf 180°C vorgeheizten Backofen (Umluft) 20 Minuten rösten. Die gerösteten Knochen und das Butterschmalz in einen großen Topf oder Bräter geben und auf dem Herd weiterrösten. Die Gemüsezwiebel, die Karotten, den Sellerie und die Champignons klein schneiden und mit den Knochen so lange mitrösten, bis alles gut gebräunt ist. Dann das Tomatenmark und den Rohrzucker hineinrühren und kurz mitrösten. Mit dem Portwein und dem Madeira ablöschen und vollständig reduzieren. Erst dann mit dem kalten Wildfond und dem kalten Wasser auffüllen, sodass die Knochen ganz bedeckt sind. Anschließend die Gewürze (Pfefferkörner, Pimentkörner, Wacholderbeeren, Lorbeerblätter), den Knoblauch und die Kräuter (Rosmarin, Thymian) hinzufügen. Den Fond ca. 3 Stunden köcheln lassen. Den Fond dann durch ein feines Sieb passieren und auf 300 ml reduzieren. Dann erst mit Meersalz und Pfeffer abschmecken. Geben Sie nun je nach Geschmack ein paar angestoßene Wacholderbeeren oder einen kleinen Thymianzeig dazu und lassen diese 5 Minuten in der Sauce ziehen. Dann wieder durch ein Sieb gießen, kurz aufkochen und mit 2 EL »Saucendoping« verfeinern.

ca. 2 kg Wildhasenknochen (inkl. gehackter Wildhasenrückenknochen, siehe Teilrezept »Vorbereiten der Wildhasenrücken«)
20 g Butterschmalz
1 große Gemüsezwiebel, geschält
100 g Karotten, geputzt und geschält
100 g Knollensellerie, geputzt und geschält
100 g Champignons, geputzt
20 g Tomatenmark
20 g brauner Rohrzucker
100 ml roter Portwein
100 ml Madeira
2 l Wildfond (siehe Grundrezept, S. 324)
2 l Wasser
10 weiße Pfefferkörner
10 Pimentkörner
3 Wacholderbeeren
3 frische Lorbeerblätter
2 Knoblauchzehen, geschält
2 Zweige Rosmarin
2 Zweige Thymian
Meersalz
frisch gemahlener weißer Pfeffer
2–3 Wacholderbeeren, nach Belieben zum Verfeinern
1 kleiner Zweig Thymian, nach Belieben zum Verfeinern
2 EL »Saucendoping« (siehe Teilrezept)

Braten der Wildhasenrücken

Die Wildhasenrückenstränge und die Wildhasenfilets leicht mit Meersalz und Pfeffer bestreuen. Die Butter in einer Pfanne zerlassen. Das Fleisch darin mit dem Rosmarin und den Gewürzen (Wacholderbeeren, Lorbeerblatt) von allen Seiten sehr vorsichtig anbraten. Die Wildhasenfilets aus der Pfanne nehmen und warm stellen. Die Pfanne mit der Bratbutter beiseitestellen. Die Rückenstränge in je 3 Stücke schneiden. Je eine Dörrpflaume leicht auseinanderdrücken, mit einem Fleischstück füllen und leicht zudrücken. Die gefüllten Dörrpflaumen im auf 140°C vorgeheizten Backofen (Ober-/Unterhitze) 5 Minuten nachgaren, anschließend aus dem Ofen nehmen und mit Alufolie bedeckt 5 Minuten ruhen lassen. Die Pfanne mit der Bratbutter erhitzen und die gefüllten Dörrpflaumen nochmals in der Bratpfanne schwenken, dann sofort anrichten.

6 ausgelöste Wildhasenrückenstränge (siehe Teilrezept »Vorbereiten der Wildhasenrücken«)
6 Wildhasenfilets (siehe Teilrezept »Vorbereiten der Wildhasenrücken«)
Meersalz
frisch gemahlener schwarzer Pfeffer
50 g Butter
1 Zweig Rosmarin
5 Wacholderbeeren
1 frisches Lorbeerblatt
18 entsteinte Dörrpflaumen

Anrichten

Je 3 Dörrpflaumen auf 6 vorgewärmte Teller verteilen. Die Wildhasenfilets in dicke Scheiben schneiden und dazulegen. Alles mit der Wildhasenjus nappieren und mit der Melange noir bestreuen.

1 TL Melange noir (schwarze, geschrotete Pfeffermischung)

Tipp

Dazu passen ganz besonders gut ungesüßtes Holunderbeerenkompott, gebratene Quitten oder eingemachte Hagebutten.

KÄSE AUS SCHLESWIG-HOLSTEIN

Käse ist ein einfaches Produkt aus frischer Milch. Die geschmackliche Vielfalt dieses einfachen Produktes fasziniert mich immer wieder von Neuem. Leider geben sich einige Produzenten immer noch der Unsitte hin, Käse zu räuchern, mit Rosmarin, Thymian und Knoblauch zu würzen oder in den unmöglichsten Pfeffermischungen zu wälzen. Diese sogenannten Verfeinerungen hat Käse nicht verdient. Es gibt keinen Grund, den primären Geschmack eines Käses zu übertünchen. Bereits die saisonalen klimatischen Bedingungen schaffen unterschiedlichste Geschmacksvarianten und sorgen dafür, dass Käse nicht gleich Käse ist. Käse ist ein Produkt der Natur, bei dem Flora, Fauna und Mikroklima die entscheidende Rolle spielen. In den Wintermonaten, in denen es für Ziegen, Schafe und Kühe kein saftig frisches Gras, sondern nur Heu zu fressen gibt, bleibt auch die Milch und der daraus entstehende Käse magerer als in den Sommermonaten. Am besten greift man in den kalten Monaten zu den gereiften Käsen aus der Sommermilch. In den letzten Jahren habe ich sehr viele neue Käse kennengelernt, die sich durch eigenen Geschmack, Aussehen und Konsistenz auszeichnen. Keine nachgemachten französischen Klassiker wie St. Maure oder Roquefort, sondern deutsche Käse mit Charakter, der sich aus ihrem Ursprung auf den Wiesen von Schleswig-Holstein speist. Dort leben die Tiere in einem natürlichen und artgerechten Umfeld und garantieren beste Milch als Ausgangsprodukt und unverzichtbare Grundlage für besten Käse. Martina Metzger-Petersen ist für mich die Königin der Schleswig-Holsteiner Käse. Egal ob Friesisch Blue oder Backensholzer Rotschmier, Deichkäse oder Frischkäse – man schmeckt Milch von glücklichen Tieren sowie Leidenschaft und Kenntnisreichtum der Käserin. Auch die Ziegenhartkäse vom »Wagener Ziegenhof« oder der Edle von Dannwisch sind Produkte mit sehr eigenständigem Charakter und beweisen, dass man mit unbedingtem Willen zu Qualität, handwerklicher Kunst und vor allem mit Aufzucht- und Produktionsmethoden, die im Einklang mit der Natur stehen, wunderbare Produkte hervorbringen kann, die gut schmecken, gesund sind – und glücklich machen.

KLEINE KÄSEVARIATIONEN

Backensholzer Friesisch Blue

Ein Stück Blauschimmelkäse von der Rinde befreien, mit einer Gabel leicht zerdrücken und vorsichtig mit Portwein marinieren. Verwenden Sie dabei nur so viel Portwein, dass der Käse nicht »ertränkt« wird.
Die Süße des Portweins soll sich hier harmonisch mit den leicht salzigen und herzhaften Schimmelpilzaromen verbinden. Am besten eignet sich ein stoffiger Ruby-Portwein. Sie können statt Portwein auch Holundersaft verwenden.

Ziegenfrischkäse

Etwas Sauerampfer mit etwas Sonnenblumenöl in einem Steinmörser zu einer Paste zerstoßen. Diese Sauerampferpaste vorsichtig unter den Ziegenfrischkäse rühren. Statt Sauerampfer können Sie auch Kerbel, Brunnenkresse oder wilde Rauke verwenden.

Kuhmilchfrischkäse oder Doppelrahmquark

Trockenen Frischkäse oder gut abgehangenen Doppelrahmquark mit etwas Eiswein oder Trockenbeerenauslese verrühren. Dazu geröstete und grob gehackte Walnüsse oder Haselnüsse geben.

Schafsmilchfrischkäse

Den Frischkäse leicht zerbröseln. Verschiedene Salzwiesenkräuter daraufgeben. Ganz besonders gut geeignet sind Strandportulak, Strandsode, Queller, Strandwegerich und wilder Ampfer.

TRAUM · FÄNGER
CONTINENTAL
JEGS
COMP

ROTE-BETE-SORBET MIT SAUERRAHM UND MALZZUCKERPÜREE

Rote-Bete-Biskuit

für 6 Personen:
80 g Püree von gekochter Rote Bete
200 g Rote-Bete-Saft
20 g Eiweißpulver
80 g Kristallzucker
20 g Weizenmehl, Type 405

Das Rote-Bete-Püree, den Saft und das Eiweißpulver in einen Mixbecher geben und mit dem Stabmixer gut durchmixen. Dann den Zucker und das Mehl unterrühren. Die Masse in eine Espumaflasche füllen und diese mit 3 Kapseln bestücken, mindestens 5 Stunden kühl stellen. In den Boden eines Plastiktrinkbechers ein kleines Loch stechen. Die Espumaflasche gut durchschütteln, den Becher zu einem Drittel mit der Rote-Bete-Espuma befüllen und 20 Sekunden bei 600 Watt in der Mikrowelle backen. Den Becher mit dem Rote-Bete-Biskuit dann im Kühlschrank erkalten lassen. Von dem erkalteten »Biskuit« vorsichtig mit einer Pinzette kleine Segmente abzupfen, die Lufteinschlüsse vom Biskuit sollen erhalten bleiben. Diese Biskuitsegmente im Dörrofen ca. 1 Stunde trocknen, bis sie knusprig sind.

Kandierte Rote Bete

100 g Rote Bete, geschält und fein gewürfelt
Salz
100 ml Wasser
130 g Kristallzucker
20 g Himbeeressig

Die Rote-Bete-Würfel in leicht gesalzenem Wasser blanchieren, abgießen, anschließend in Eiswasser abschrecken. 100 ml Wasser mit 100 g Zucker und dem Essig vermischen und aufkochen. Die blanchierten Rote-Bete-Würfel darin 2 Minuten köcheln lassen. Den Topf vom Herd nehmen und die Rote-Bete-Würfel 30 Minuten in dem Sirup ziehen lassen. Dann den restlichen Zucker (30 g) in den Sirup rühren, den Sirup erneut aufkochen, den Topf wieder vom Herd nehmen und die Rote-Bete-Würfel 2–3 Stunden darin ziehen lassen.

Rote-Bete-Chips

50 ml Wasser
50 g Kristallzucker
20 hauchfein geschnittene rohe Rote-Bete-Scheiben

Das Wasser und den Zucker in einem Topf verrühren und einmal aufkochen lassen, den Topf vom Herd nehmen und den Läuterzucker abkühlen lassen. Die Rote-Bete-Scheiben kurz in den Läuterzucker legen, dann auf einem mit Backpapier bedeckten Backblech verteilen und im auf 70 °C vorgeheizten Backofen (Umluft) in 1 bis 2 Stunden zu Chips trocknen.

Sauerrahmgelee

1 Blatt weiße Gelatine
250 g Sauerrahm
¼ Vanilleschote

Die Gelatine 5 Minuten in kaltem Wasser einweichen, dann ausdrücken und in etwas leicht erwärmtem Sauerrahm auflösen. Dieses Gemisch in den restlichen Sauerrahm rühren. Das ausgekratzte Vanillemark in die Sauerrahmcreme rühren. Die Sauerrahmcreme ca. 0,5 cm hoch auf ein kleines Blech streichen und erstarren lassen. Dann mit einem Ausstechring (Durchmesser 4 cm) Kreise aus dem Sauerrahmgelee stechen.

Gegarte Rote Bete	Aus den Rote-Bete-Scheiben Kreise von ca. 7 cm Durchmesser stechen. Diese mit dem Rote-Bete-Saft, dem Rotwein, dem Himbeeressig, dem Zucker, dem Salz und der Gewürznelke in einen Vakuumierbeutel geben und vakuumieren. Den Beutel in ein heißes Wasserbad geben und die Rote-Bete-Scheiben bei 90°C weich garen. Die Rote-Bete-Scheiben sofort in Eiswasser abschrecken.	6 rohe Rote-Bete-Scheiben (0,5 cm) 50 ml Rote-Bete-Saft 25 ml trockener Rotwein 10 ml Himbeeressig 20 g Kristallzucker 1 Prise Salz 1 Gewürznelke
Rote-Bete-Sorbet	Das Wasser mit dem Rote-Bete-Saft, dem Zucker, der Glucose und dem Pectagel Rose in einen Topf geben und aufkochen. Das Rote-Bete-Püree hineinrühren und die Creme in der Eismaschine zu Sorbet gefrieren.	115 ml Wasser 100 ml Rote-Bete-Saft 100 g Kristallzucker 100 g Glucosepulver 3 g Pectagel Rose 550 g Püree von gekochten Rote Beten, kalt
Joghurtpulver	Den Traubenzucker in einer Schüssel mit dem Joghurtpulver und dem Vitamin-C-Pulver vermischen.	25 g Traubenzucker 25 g Joghurtpulver 2 g Vitamin-C-Pulver
Malzzuckerpüree	Das Wasser, den Himbeeressig, den Muscovadozucker und das Iota mixen und zusammen aufkochen. Das Gelee in einer Schüssel auf Eiswasser kalt rühren, bis es anfängt zu gelieren. Nun das Traubenkernöl langsam einrühren. Sollte das Gelee zu dick werden, mit etwas Wasser verdünnen.	200 ml Wasser 30 ml Himbeeressig 100 g Muscovadozucker 3 g Iota (von Texturas) 50 g Traubenkernöl
Anrichten	Das Rote-Bete-Püree und den Sauerrahm mit etwas Salz abschmecken und jeweils in einen kleinen Spritzbeutel füllen. Die gegarten Rote-Bete-Scheiben auf 6 Tellern anrichten. Darauf je 1 Kreis Sauerrahmgelee legen. Das Malzzuckerpüree auf den Sauerrahm geben. Rundherum einige kleine Tupfen Sauerrahm und Rote-Bete-Püree spritzen. Dazwischen einige kandierte Rote-Bete-Würfel, etwas getrockneten Rote-Bete-Biskuit, etwas Joghurtpulver und einige kleine Rote-Bete-Chips setzen. Zum Schluss etwas Rote-Bete-Sorbet auf das Malzzuckerpüree setzen und mit einigen Rote-Bete-Chips garnieren.	etwas Rote-Bete-Püree etwas Sauerrahm Salz

SÖL'RING-HOF-KONFEKT

Marzipan-Orangen-Ganache

Die Marzipanmasse in Würfel schneiden. die kandierte Orangenschale klein schneiden. Alle Zutaten in der Küchenmaschine zu einer glatten Masse mixen. Dabei darauf achten, dass die Masse nicht zu warm wird. Die Marzipan-Orangen-Ganache in einen Spritzbeutel geben und dann in die Pralinenhohlkörper füllen. Die gefüllten Pralinen 4–6 Stunden im Kühlschrank erkalten lassen. Dann die Öffnungen der Hohlkörper mit temperierter Kuvertüre verschließen und kurz kalt stellen. Dann jede einzelne gefüllte Praline in etwas temperierter Kuvertüre in der Hand wälzen und erkalten lassen.

für 6 Personen:
- 200 g Marzipanrohmasse
- 100 g kandierte Orangenschale (siehe Rezept »Maronengelee, kandierter Staudensellerie, Ingwer und Orangenstäbchen«, S. 310)
- 100 g Läuterzucker (1:1)
- 40 ml Grand Marnier
- 90 ml Orangensaft, kurz aufgekocht
- 10 ml Zitronensaft, kurz aufgekocht
- ca. 60 Trüffel-Hohlkörper aus Vollmilchkuvertüre
- 200 g temperierte Vollmilchkuvertüre zum Verschließen und Wälzen der Pralinenhohlkörper

Minzganache

Die Kuvertüren klein hacken. Die Sahne und die gehackte Kuvertüre in eine Metallschüssel geben und über einem warmen Wasserbad behutsam schmelzen. Die Metallschüssel vom Wasserbad nehmen, den Pfefferminzlikör zugeben und mit dem Stabmixer 2 Minuten glatt mixen. Die Ganache abkühlen lassen, dann in einen Spritzbeutel füllen und sofort in die Pralinenhohlkörper füllen. Die gefüllten Pralinen 4–6 Stunden im Kühlschrank erkalten lassen. Dann die Öffnungen der Hohlkörper mit temperierter Kuvertüre verschließen und kurz kalt stellen. Dann jede einzelne gefüllte Praline in etwas temperierter Kuvertüre in der Hand wälzen und erkalten lassen.

- 210 g Vollmilchkuvertüre (Kakaogehalt 40 %)
- 95 g Zartbitterkuvertüre (Kakaogehalt 70 %)
- 135 ml flüssige Sahne
- 50 ml Pfefferminzlikör
- ca. 60 Trüffel-Hohlkörper aus Zartbitterkuvertüre
- 200 g temperierte Zartbitterkuvertüre (Kakaogehalt 70 %) zum Verschließen und Wälzen der Pralinenhohlkörper

Mokkaganache

Den Zucker leicht karamellisieren, dann mit dem frisch gebrühten Espresso ablöschen. Den Karamell vollständig loskochen. Anschließend mit der Sahne und dem Kaffeelikör auffüllen. Die Kaffeepaste und das Instantkaffeepulver hineinrühren. Die Ganache nicht mehr kochen lassen. Die Zartbitterkuvertüre in Stücke hacken und in der Ganache langsam schmelzen lassen. Die Ganache mit dem Stabmixer 2 Minuten glatt mixen und abkühlen lassen, dann in einen Spritzbeutel füllen und sofort in die Pralinenhohlkörper füllen. Die Pralinen 4–6 Stunden im Kühlschrank erkalten lassen. Die Öffnungen der Hohlkörper mit temperierter Kuvertüre verschließen und kurz kalt stellen. Dann jede einzelne gefüllte Praline in etwas temperierter Kuvertüre in der Hand wälzen und erkalten lassen.

- 50 g brauner Rohrzucker
- 1 frisch gebrühter Espresso (20 ml)
- 145 ml flüssige Sahne
- 65 ml Kaffeelikör
- 25 g Kaffeepaste (erhältlich im Patisseriebedarf)
- 10 g Instantkaffeepulver
- 300 g Zartbitterkuvertüre (Kakaogehalt 70 %)
- ca. 60 Trüffel-Hohlkörper aus Zartbitterkuvertüre
- 200 g temperierte Zartbitterkuvertüre (Kakaoanteil 70 %) zum Verschließen und Wälzen der Pralinenhohlkörper

Tipp

Pralinenhohlkörper sind industriell gefertigte Schokoladenkugeln. Sie haben eine kleine Öffnung, durch welche die Ganache ins Innere gespritzt wird. Nach dem Kühlen der gefüllten Pralinen müssen diese Öffnungen mit Kuvertüre verschlossen werden, damit die Ganache nicht ausläuft. Wir verwenden statt industriell gefertigter Pralinenhohlkörper verschiedene Hartplastikformen, die wir selbst mit temperierter Zartbitterschokolade ausgießen. Einige Formen bearbeiten wir zuvor mit temperierter weißer Schokolade und erhalten so verschiedene Muster im Schokoladenkörper. Genießen Sie die Pralinen am besten bei Raumtemperatur.

SÖL'RING HOF

MARONENGELEE, KANDIERTER STAUDENSELLERIE, INGWER UND ORANGENSTÄBCHEN

Kandierte Orangenschalen

Die Orangen waschen, halbieren und auspressen. Den Saft anderweitig verwenden. Die Schalen in leicht gesalzenem Wasser köcheln lassen, bis diese weich sind, dann herausnehmen, in Eiswasser abschrecken und mit Hilfe eines Teelöffels die weißen Schalenbestandteile entfernen. Das Wasser mit 750 g Zucker in einen Topf geben und aufkochen. Die Orangenschalen in den Sirup geben und einmal aufkochen lassen. (Bei diesem und jedem folgenden Kochvorgang darauf achten, dass die Orangenschalen vollständig mit Flüssigkeit bedeckt sind.) Den Topf vom Herd nehmen und die Orangenschalen über Nacht in dem Sirup ziehen lassen. Den Sirup ohne die Schalen am Folgetag aufkochen, die Schalen hineingeben und zum Kochen bringen, 200 g Zucker, den Glucosesirup, den Ingwer und die Vanilleschoten hineingeben. Alles abkühlen lassen und eine weitere Nacht ziehen lassen. Den Sirup ohne die Schalen am Folgetag aufkochen. 100 g Zucker, etwas fein geriebene Zitronenschale, den Sternanis, den Kardamom, die Orangenschalen und den Grand Marnier hinzufügen, kurz aufkochen und alles abkühlen lassen. Die kandierten Schalen mit dem Sirup in ein luftdicht verschließbares Gefäß füllen. (So sind sie mehrere Wochen haltbar.) Die kandierten Schalen vor dem Anrichten aus dem Sirup nehmen, abtropfen lassen, in feine Streifen schneiden und in Zucker wälzen.

5 unbehandelte Orangen (dickschalige Früchte)
Salz
1 l Wasser
1050 g Kristallzucker
2 EL Glucosesirup
3–4 Scheiben frischer Ingwer, geschält
3 Vanilleschoten, ohne Mark und ausgekocht (Vanilleschoten, die bereits verwendet wurden)
etwas fein geriebene Zitronenschale
1–2 ganze Sternanis
5 Kardamomkapseln
50 ml Grand Marnier
feiner Kristallzucker zum Wälzen

Kandierter Ingwer

Den Ingwer schälen und in Scheiben schneiden. Den Ingwer in leicht gesalzenem Wasser 5 Minuten köcheln lassen, abgießen und in Eiswasser abschrecken. Das Wasser mit 750 g Zucker in einen Topf geben und aufkochen. Den Ingwer in den Sirup geben und aufkochen. (Bei diesem und jedem folgenden Kochvorgang darauf achten, dass der Ingwer vollständig mit Flüssigkeit bedeckt ist.) Den Ingwer über Nacht in dem Sirup ziehen lassen. Den Sirup mit dem Ingwer am Folgetag aufkochen. 200 g Zucker, den Glucosesirup und die Vanilleschoten hineingeben. Alles eine weitere Nacht ziehen lassen. Den Sirup mit allen Bestandteilen am Folgetag aufkochen. 100 g Zucker, etwas fein geriebene Zitronenschale, den Sternanis, den Kardamom und den Grand Marnier hinzufügen und alles abkühlen lassen. Den kandierten Ingwer in dem Sirup in ein luftdicht verschließbares Gefäß füllen. (So ist er mehrere Wochen haltbar.) Den kandierten Ingwer vor dem Anrichten aus dem Sirup nehmen, abtropfen lassen, in feine Streifen schneiden und trocken tupfen.

500 g frischer Ingwer
Salz
1 l Wasser
1050 g Kristallzucker
2 EL Glucosesirup
3 Vanilleschoten, ohne Mark und ausgekocht (Vanilleschoten, die bereits verwendet wurden)
etwas fein geriebene Zitronenschale
1–2 ganze Sternanis
5 Kardamomkapseln
50 ml Grand Marnier

Kandierter Staudensellerie

Den Staudensellerie putzen, schälen und in Stücke schneiden. Den Staudensellerie in leicht gesalzenem Wasser kurz blanchieren, abgießen und in Eiswasser abschrecken. Das Wasser mit 300 g Zucker in einen Topf geben und aufkochen. Den Staudensellerie in den Sirup geben und 2 Minuten kochen lassen. (Bei diesem und jedem folgenden Kochvorgang darauf achten, dass der Staudensellerie vollständig mit Flüssigkeit bedeckt ist.) Den Staudensellerie dann aus dem Sirup nehmen. Den Sirup mit weiteren 100 g Zucker aufkochen, den Topf vom Herd nehmen und den Staudensellerie wieder hineingeben, dann 10 Minuten ziehen lassen. Den Staudensellerie wieder aus dem Sirup nehmen. Den Sirup mit dem restlichen Zucker (100 g) aufkochen, den Staudensellerie wieder hineingeben und erneut 10 Minuten ziehen lassen. Den kandierten Staudensellerie mit dem Sirup in ein luftdicht verschließbares Gefäß füllen. (So ist er mehrere Wochen haltbar.) Den kandierten Staudensellerie vor dem Anrichten aus dem Sirup nehmen, abtropfen lassen, in feine Streifen schneiden und trocken tupfen.

400 g Staudensellerie
Salz
400 ml Wasser
500 g Kristallzucker

Maronenzucker

Die Maronen im auf 100 °C vorgeheizten Backofen (Umluft) 40 Minuten trocknen. Anschließend in der Küchenmaschine zu feinem Pulver mixen. Dieses Maronenpulver erneut im auf 100 °C vorgeheizten Backofen (Umluft) zu Ende trocknen. Das Pulver wieder in der Küchenmaschine durchmixen, bis es feiner Puder ist. Diesen mit dem braunen Zucker zu Maronenzucker mixen.

250 g vorgegarte, geschälte Maronen
250 g brauner Rohrzucker

Maronenwürfel

Den Essig mit dem Maronensirup in einen Topf geben und mit dem Stabmixer aufmixen. Dann das Iotazoon hineinmixen und aufkochen, anschließend in ein tiefes Blech gießen und im Kühlschrank erstarren lassen. Das Maronengelee in Würfel von 2 cm Kantenlänge schneiden. Diese in dem Maronenzucker wälzen.

50 ml Chardonnay-Essig
500 ml Maronensirup
23 g Iotazoon (Geliermittel, aus Rotalgen gewonnenes Carrageen)
Maronenzucker (siehe Teilrezept)

Tipp

Die kandierten Orangen kann man auch mit wenig Sirup pürieren und zum Backen verwenden. Sie können bei einem Rührkuchen einen Teil des Zuckers weglassen und durch das Orangenpüree ersetzen. Dann schmeckt der Kuchen nicht nur nach Orange, sondern der Kuchen bleibt auch schön feucht.

GRUNDREZEPTE FÜR FONDS UND SAUCEN

Fonds bilden die Grundlage vieler Speisen, z.B. Suppen, Saucen, Eintöpfe, Sülzen, Gelees und vieles mehr. Aus den Karkassen (Gerippen) beziehungsweise den Knochen stellt man unter Zugabe von Wasser, Gemüse und Gewürzen den Fond bzw. beim Fisch den »fumet de poisson« her. Würzen sollten Sie Fonds stets maßvoll, denn meist werden Suppen oder Saucen nochmals reduziert. So verdampft das Wasser, es bleiben gehaltvolle Extrakte und die Würze wird intensiver.

Geflügelfond

- 2 kg Geflügelkarkassen (oder 2 Suppenhühner à 1,0–1,2 kg)
- 3,5 l Wasser
- 5 Schalotten
- 1 Knoblauchzehe
- 1 kleine Petersilienwurzel
- ¼ Sellerieknolle
- ½ Stange Staudensellerie
- 1 kleine Stange Lauch
- 10 Champignons
- 2 Zweige Thymian
- 2 Zweige Estragon
- 2 frische Lorbeerblätter
- 3 Pimentkörner
- 1 EL schwarze Pfefferkörner

Die Geflügelkarkassen bzw. die Suppenhühner in dem kalten Wasser aufsetzen und dieses langsam zum Köcheln bringen. (Kaltes Wasser laugt die Karkassen bzw. Hühner aus.) Dabei den sich an der Oberfläche bildenden weißen Schaum mit einer kleinen Schöpfkelle vorsichtig abschöpfen. Die Schalotten und die Knoblauchzehe schälen und halbieren, den weißen Keim in der Mitte entfernen und den Strunk abschneiden. Die Petersilienwurzel und die Sellerieknolle gründlich waschen, putzen und in grobe Stücke schneiden. Den Staudensellerie putzen und in Stücke schneiden. Die Lauchstange längs halbieren, gründlich waschen und in Stücke schneiden. Die Champignons putzen und vierteln. In das köchelnde Wasser alles Gemüse und alle Kräuter und Gewürze geben. Den Fond 90 Minuten leise köcheln lassen. Den Geflügelfond anschließend durch ein feines Passiertuch gießen. Den Geflügelfond erkalten lassen, dann die erstarrte Fettschicht von der Oberfläche nehmen.

Tipp

Für den täglichen Gebrauch lässt sich Geflügelfond sehr gut in leeren Joghurtbechern oder kleinen Plastikbeuteln einfrieren. So hat man immer genügend Vorrat und muss nicht auf den berühmten Brühwürfel zurückgreifen ... Ist der Geflügelfond einmal trüb geworden, können Sie ihn nach dem Erkalten mit Hilfe von etwas Eiweiß, fein geschnittenem ungegartem Geflügelfleisch und kleingeschnittenem Wurzelgemüse klären. Dazu das Eiweiß fast steif schlagen, mit dem Geflügelfleisch, dem Gemüse, dem eiskalten Fond sowie den Gewürzen (Salz, Pfeffer, Knoblauch, Pimentkörner, Lorbeerblatt) vermengen und das Ganze langsam aufkochen, bis das Eiweiß stockt. Den Fond langsam zum Kochen bringen und weitere 10 Minuten ziehen lassen, dann erneut vorsichtig passieren.

Gemüsefond

Die Schalotten schälen und grob würfeln. Den Lauch längs halbieren, gründlich waschen und in grobe Stücke schneiden. Die Champignons putzen und vierteln. Den Staudensellerie und die Fenchelknolle putzen und grob würfeln. Die Karotten schälen und in Stücke schneiden. Das Traubenkernöl in einem großen Topf erhitzen und das Gemüse darin farblos anschwitzen. Das Gemüse dann in dem kalten Wasser aufsetzen und dieses langsam zum Köcheln bringen. (Kaltes Wasser laugt das Gemüse aus.) Die Pfefferkörner, das Lorbeerblatt, die Kräuterstiele und wenig Meersalz hinzufügen und den Fond 30 Minuten leise köcheln lassen. (Vorsicht: Die Flüssigkeit darf nicht wallend kochen, sonst wird sie trüb.) Den Gemüsefond anschließend durch ein feines Passiertuch gießen. Nach Belieben mit etwas Weißweinessig abschmecken.

6 Schalotten
1 Stange Lauch
15 Champignons
½ Stange Staudensellerie
1 Fenchelknolle
2 Karotten
50 ml Traubenkernöl
1,5 l Wasser
1 EL schwarze Pfefferkörner
1 frisches Lorbeerblatt
einige Kräuterstiele (z.B. Petersilienstängel)
etwas Meersalz
1 TL Weißweinessig nach Belieben

Kalbsfond

Die Kalbsknochen und das Kalbfleisch in dem kalten Wasser und dem kalten Wein aufsetzen und dieses langsam zum Köcheln bringen. (Kaltes Wasser laugt die Knochen und das Fleisch aus.) Dabei den sich an der Oberfläche bildenden weißen Schaum mit einer kleinen Schöpfkelle vorsichtig abschöpfen. In das köchelnde Wasser alles Gemüse und alle Gewürze geben. Den Fond 90 Minuten leise köcheln lassen. Den Kalbsfond anschließend durch ein feines Passiertuch gießen und wenn nötig die Fettaugen mit einem Küchenkrepp abtupfen. Den Kalbsfond danach noch etwas reduzieren. Den Kalbsfond erkalten lassen, dann die erstarrte Fettschicht von der Oberfläche nehmen.

1 kg Kalbsknochen
500 g Kalbfleischabschnitte
3,5 l Wasser
200 ml trockener Weißwein
100 g Knollensellerie, geschält und grob geschnitten
1 Stange Lauch (nur das Weiße), geputzt und in Stücke geschnitten
3 Schalotten, geschält und grob geschnitten
10 weiße Champignons, geputzt und geviertelt
¼ Fenchelknolle, geputzt und grob geschnitten
3 Pimentkörner
1 EL schwarze Pfefferkörner
2 frische Lorbeerblätter
2–3 Zweige Thymian

Fischfond

Die Fischkarkassen in dem kalten Wasser aufsetzen und dieses langsam zum Köcheln bringen. (Kaltes Wasser laugt die Karkassen aus.) Dabei den sich an der Oberfläche bildenden weißen Schaum mit einer kleinen Schöpfkelle vorsichtig abschöpfen. In das köchelnde Wasser den Weißwein, den Noilly Prat, alles Gemüse und alle Gewürze geben. Den Fond 1 Stunde leise köcheln lassen. (Vorsicht: Die Flüssigkeit darf nicht wallend kochen, sonst wird sie trüb.) Den Fischfond anschließend durch ein feines Passiertuch gießen. Den Fischfond danach noch etwas reduzieren.

- 2 kg Fischkarkassen, gewässert und klein geschnitten
- 2,5 l Wasser
- 100 ml trockener Weißwein
- 50 ml Noilly Prat (französischer Wermut)
- 5 Schalotten, geschält und grob gewürfelt
- 1 Stange Lauch (nur das Weiße), geputzt und grob geschnitten
- ¼ Fenchelknolle, geputzt und grob gewürfelt
- 2 Stangen Staudensellerie, geputzt und grob geschnitten
- 100 g Champignons, geputzt und geviertelt
- 1 Knoblauchzehe, geschält, halbiert, Keim und Strunk entfernt
- 2 Zweige Thymian
- 2 Zweige Estragon
- 1 TL weiße Pfefferkörner
- 1 frisches Lorbeerblatt
- 1 langer Streifen unbehandelte Zitronenschale

Wildfond

Die Wildknochen in dem kalten Wasser aufsetzen und dieses langsam zum Köcheln bringen. (Kaltes Wasser laugt die Wildknochen aus.) Dabei den sich an der Oberfläche bildenden weißen Schaum mit einer kleinen Schöpfkelle vorsichtig abschöpfen. In das köchelnde Wasser alles Gemüse und alle Gewürze geben. Den Fond 90 Minuten leise köcheln lassen. Den Wildfond anschließend durch ein feines Passiertuch gießen und wenn nötig die Fettaugen mit einem Küchenkrepp abtupfen. Den Wildfond noch etwas reduzieren. Den Wildfond erkalten lassen, dann die erstarrte Fettschicht von der Oberfläche nehmen.

- 2 kg Wildknochen
- 3,5 l Wasser
- ½ Stange Staudensellerie, geputzt und grob geschnitten
- 5 Schalotten, geschält und grob gewürfelt
- 10 Champignons, geputzt und geviertelt
- ¼ Sellerieknolle, geschält und grob gewürfelt
- 1 kleine Stange Lauch, geputzt und grob geschnitten
- 1 kleine Petersilienwurzel, geschält und grob gewürfelt
- 2–3 Zweige Thymian
- 3 Pimentkörner
- 3 Wacholderbeeren
- 2 Gewürznelken
- 1 EL schwarze Pfefferkörner
- 2 frische Lorbeerblätter

Muschelfond

Die Muscheln sorgfältig waschen und abtropfen lassen. Bereits geöffnete Exemplare aussortieren. Den Fenchel, den Staudensellerie, die Karotte und die Schalotte putzen, schälen und alles fein würfeln. Das Sonnenblumenöl in einem großen Topf erhitzen und die Gemüsewürfel darin kräftig anschwitzen. Die Muscheln hinzufügen und 2 Minuten mitschwitzen, anschließend mit dem Noilly Prat ablöschen und diesen vollständig reduzieren. Dann mit dem Fischfond auffüllen und den Safran hinzufügen. Den Topf verschließen, vom Herd nehmen und den Muschelfond 5 Minuten ziehen lassen. Den Muschelfond dann durch ein feines Sieb gießen. Die Muscheln herausnehmen, auslösen und anderweitig verwenden. Den fertigen Muschelfond dezent mit weißem Pfeffer und Limettensaft abschmecken.

200 g frische Herzmuscheln
200 g frische Miesmuscheln
40 g Fenchel
40 g Staudensellerie
40 g Karotten
1 Schalotte
40 ml Sonnenblumenöl
40 ml Noilly Prat (französischer Wermut)
150 ml sehr kräftiger, reduzierter Fischfond (siehe Grundrezept, S. 324)
3 Fäden Safran
frisch gemahlener weißer Pfeffer
einige Tropfen frisch gepresster Limettensaft

Kalbsjus

Die Kalbsknochen auf ein Backblech geben und im auf 180 °C vorgeheizten Backofen (Ober-/Unterhitze) 30 Minuten rösten. Die Knochen dabei mehrmals wenden, damit sie gleichmäßig bräunen. Die Zwiebel, die Karotten, den Sellerie und die Champignons putzen, bei Bedarf schälen und in Würfel schneiden. Die Tomaten vom Strunk befreien und vierteln. Das Sonnenblumenöl in einem großen Bräter erhitzen. Die gerösteten Kalbsknochen und die Gemüsewürfel hinzufügen und alles kräftig anbraten, bis schöne Röststoffe entstanden sind. Dann das Tomatenmark hineinrühren und so lange anrösten, bis sich am Bräterboden eine braune Röstschicht bildet. Mit ca. ein Drittel des Rotweins ablöschen und diesen vollständig reduzieren. Diesen Vorgang zweimal wiederholen, dann mit dem kalten Wasser auffüllen und dieses langsam zum Köcheln bringen. Dabei den sich an der Oberfläche bildenden Schaum und das Fett mit einer kleinen Schöpfkelle vorsichtig abschöpfen. Den Thymian, den Knoblauch und die Gewürze in den köchelnden Fond geben und alles 2–3 Stunden weiterköcheln lassen. Den Kalbsfond anschließend durch ein feines Sieb gießen und auf die gewünschte Konsistenz zur Kalbsjus reduzieren.

2 kg Kalbsnackenknochen
1 Zwiebel
150 g Karotten
150 g Knollensellerie
100 g Champignons
2 Tomaten
2 EL Sonnenblumenöl
80 g Tomatenmark
800 ml trockener Rotwein
6 l Wasser
3 Zweige Thymian
2 Knoblauchzehen, geschält, halbiert, von Keim und Strunk befreit
5 Pimentkörner
1 EL schwarze Pfefferkörner
1 EL gelbe Senfkörner
2 frische Lorbeerblätter

Tipp

Sie können auf diese Weise auch Lamm-, Enten- oder Hasenjus herstellen. (Dafür jeweils Lamm-, Enten- oder Hasenknochen verwenden.) Dies ist eine »Grundjus«, die auf Vorrat hergestellt werden kann. Erst beim Verwenden wird sie aromatisiert, gewürzt und fein abgeschmeckt.

REGISTER

FRÜHLING

SOMMER

HERBST

WINTER

GRUNDREZEPTE

www.collection-rolf-heyne.de

1. Auflage 2012

Fotografie: Luzia Ellert und Christa Engstler (S. 10, 12, 18–19, 73, 117, 124, 160, 243 und Assistenz)
Texte: Ingo Swoboda
Redaktion der Rezepte: Irmgard Rumberger, Ramerberg
Lithografie: Lorenz & Zeller, Inning am Ammersee
Druck und Bindung: Printer Trento, Trento
Printed in Italy

ISBN 978-3-89910-533-9